*CORRESPONDÊNCIA
COMERCIAL E OFICIAL*
com técnicas de redação

CORRESPONDÊNCIA COMERCIAL E OFICIAL
com técnicas de redação

Reinaldo Mathias Ferreira
Rosaura de Araújo Ferreira Luppi

15ª edição revista e aumentada

Obra em conformidade com o
Acordo Ortográfico da Língua Portuguesa

ilustrações
Marilia Pirillo

wmf **martinsfontes**

Copyright © 2011, Editora WMF Martins Fontes Ltda.,
São Paulo, para a presente edição.

1ª edição *1981 (Ática)*
15ª edição *2011*
2ª tiragem *2022*

Acompanhamento editorial
Helena Guimarães Bittencourt
Preparação do original
Solange Martins
Revisões
Márcia Leme
Marisa Rosa Teixeira
Edição de arte
Adriana Maria Porto Translatti
Produção gráfica
Geraldo Alves
Paginação
Moacir Katsumi Matsusaki
Capa
Projeto gráfico *Adriana Translatti*
Imagem *Ricardo Montenegro, São Paulo, Correio Central,
década de 30, aquarela*

**Dados Internacionais de Catalogação na Publicação (CIP)
(Câmara Brasileira do Livro, SP, Brasil)**

Ferreira, Reinaldo Mathias
Correspondência comercial e oficial : com técnicas de redação / Reinaldo Mathias Ferreira, Rosaura de Araújo Ferreira Luppi ; ilustrações Marilia Pirillo. – 15ª ed rev. e aumentada. – São Paulo : Editora WMF Martins Fontes, 2011.

ISBN 978-85-7827-381-1

1. Comunicação na administração 2. Correspondência comercial 3. Português – Gramática 4. Português – Redação administrativa I. Luppi, Rosaura de Araújo Ferreira. II. Pirillo, Marilia. III. Título.

11-01000   CDD-808.0666510469

Índices para catálogo sistemático:
1. Correspondência das organizações : Técnica
de redação : Português   808.0666510469

Todos os direitos desta edição reservados à
Editora WMF Martins Fontes Ltda.
*Rua Prof. Laerte Ramos de Carvalho, 133 01325.030 São Paulo SP Brasil
Tel. (11) 3293.8150 e-mail: info@wmfmartinsfontes.com.br
http://www.wmfmartinsfontes.com.br*

Índice

Introdução   1

1. Um pouco de teoria   5
  Comunicação   5
  Elementos da comunicação   5
  Problemas de comunicação   8
  A palavra   9

2. Formas de redação   10

3. Formas de tratamento   12
  Tratamento direto e tratamento indireto   12
  Formas de tratamento no endereço e na invocação   16

4. Envelopes   18

5. Técnica de redação   21
  Preparação   21
  Execução   24
    Exposição   24
    Determinação da forma do documento   27
    Apelo   28
    Impulso à ação   30
    Esboço da mensagem   31
    Palavras e situações inconvenientes   35
    Análise do conteúdo   36
    Harmonização das partes   36
  Aprimoramento da forma   37
    Palavras e expressões desnecessárias   37
    Períodos com várias orações   39
    Jargão   41
    Palavras de uso corrente   42
    Expressões gastas   43

Correção gramatical	44
Registro definitivo	45
6. Aspectos de digitação	**46**
Margens do papel	46
Fonte de impressão	47
Disposição do texto	47
7. Escrita dos numerais	**53**
Numerais cardinais por extenso	55
8. Ata	**56**
9. Atestado	**60**
10. Aviso	**62**
11. Bilhete	**65**
12. Carta comercial	**68**
13. Carta de cobrança	**91**
14. Carta familiar	**96**
15. Certidão	**99**
16. Circular	**102**
17. Contrato	**108**
Contrato de locação	110
18. Curriculum vitae	**113**
19. Edital	**117**
20. E-mail	**122**
21. Fax	**123**
22. Memorando	**124**
23. Ofício	**129**
24. Ordem de serviço	**137**

25. Procuração — **140**

26. Recado — **149**

27. Recibo — **150**

28. Relatório — **154**

29. Requerimento — **158**

30. Resenha — **164**

31. Telegrama — **167**

32. Trabalho acadêmico — **168**

33. Novo caminho: incentivação — **171**

Bibliografia — **185**

Índice remissivo — **189**

Introdução

A elaboração de um documento é tarefa de grande responsabilidade, pois o resultado desse ato leva consigo a imagem do órgão, entidade ou empresa que o emite. Assim, é desejável que o redator seja seguro, eficiente e criativo.

- Seguro porque precisa manipular bem os dados disponíveis para expor as ideias na forma adequada, com clareza e correção.
- Eficiente porque precisa atingir o objetivo estabelecido e obter como resposta a ação desejada.
- Criativo porque precisa encontrar fórmulas que diferenciem seu trabalho de outros para ser recebido e analisado com maior interesse, principalmente quando se pretende provocar mudanças que favoreçam de algum modo o emissor.

Dar ao leitor condições para redigir com segurança, eficiência e criatividade os diversos documentos oficiais e comerciais é o objetivo que pretendemos atingir com este trabalho.

Diante desse objetivo, nossa preocupação maior foi desenvolver uma *técnica de redação* em que orientamos o trabalho de elaborar um documento, qualquer que seja, desde a identificação do emissor até o registro definitivo. Nesse capítulo, o leitor poderá acompanhar um a um todos os passos a serem dados: preparação, execução, aprimoramento e registro definitivo.

Isso posto, não poderíamos deixar de lado a análise dos documentos oficiais e comerciais mais importantes. Cada um deles foi baseado nas diversas Instruções Normativas e nos critérios da ABNT, com pormenores e exemplificação: ofício, memorando, circular, atestado, ata, telegrama, carta etc.

Demos muita atenção à carta comercial, que, diante do avanço da Ciência da Comunicação, já não pode ser mera repetição de formas gastas. Os exemplos, em registro definitivo, demonstram essa atenção.

Procuramos orientar também aqueles que devem apresentar trabalhos acadêmicos: monografia, dissertação, tese, TCC.

Dedicamos várias observações aos aspectos da digitação, pois entendemos que o registro definitivo de um documento pode, por imperícia ou descuido do digitador, anular ou diminuir a eficiência de um bom texto, comprometendo a imagem do emissor.

Apresentado o objetivo e explicados os cuidados que tivemos para atingi-lo, necessário é indicar a quem se dirige esta obra, quer como instrumento de estudo sistemático, quer como obra complementar, quer como apoio de orientação didática, quer como elemento de consulta. Entendemos que este livro se destina a todos aqueles que:

1. em qualquer nível de escolaridade, orientam os alunos na técnica de redação dos documentos oficiais e comerciais, como professores de:
   a) língua portuguesa dos cursos regulares ou supletivos de ensino fundamental e médio;
   b) cursos profissionalizantes voltados para a prática de comércio, promoção de vendas e secretariado;
   c) cursos superiores de Direito, Administração de Empresas e Letras;
   d) cursos de informática;

2. querem adquirir base sólida para redigir os diversos documentos, como:
   a) estudantes de cursos regulares e supletivos, principalmente nas disciplinas voltadas para a prática de comércio, secretariado e promoção de vendas;
   b) estudantes de cursos superiores, pós-graduação, mestrado, doutorado para que o registro de seus trabalhos (trabalho de conclusão de curso, dissertação, tese) esteja adequado às normas que devem ser seguidas;
   c) candidatos a concursos públicos ou a emprego de secretário ou auxiliar de escritório;
   d) aprendizes de informática com treinamento para a digitação de documentos acadêmicos, oficiais e/ou comerciais;

3. já responsáveis pela redação em órgãos públicos ou empresas, querem melhorar ainda mais a eficiência de seus trabalhos, como:
   a) secretários;
   b) auxiliares de escritório;
   c) digitadores;

4. são responsáveis pela emissão de documentos, embora aparentemente alheios à redação, a fim de poderem avaliar a eficiência da comunicação do órgão ou empresa que representam, como:
   a) chefes de setores ou departamentos;
   b) diretores;
   c) executivos;
   d) gerentes.

Diante de tão grande abrangência, preocupamo-nos sobremaneira com a forma de apresentação e a linguagem. Esta permaneceu em nível didático, procurando ser acessível a todos.

Acreditamos que este livro, feito com todos esses cuidados, se constitui numa das opções mais sérias sobre a correspondência.

Os autores

1. Um pouco de teoria

Comunicação

Se considerarmos a média de oito horas de sono por dia, conforme algumas recomendações, uma pessoa que já viveu 60 anos deve ter passado 20 deles dormindo. Esse cálculo, apresentado à queima-roupa, causa alguma surpresa.

Pesquisas diversas têm demonstrado que o ser humano emprega maior tempo ainda em se comunicar (ouvindo, falando, lendo e escrevendo): cerca de 16 horas por dia, ou 40 anos da vida de um sexagenário. Esses números demonstram claramente a importância da *comunicação*.

Por esse motivo, é pertinente iniciar esta obra pela teoria, procurando recordar ao leitor, embora sucintamente, as noções de que vai precisar para tirar melhor proveito deste trabalho.

Por ser antiquíssimo, o vocábulo *comunicação* adquiriu diversas acepções, como se pode observar numa consulta aos dicionários. Para este trabalho, basta apenas entendermos isto:

Comunicação é o entendimento de uma pessoa com outra.

Elementos da comunicação

Para que haja comunicação, deve existir antes de tudo uma fonte que tenha o que comunicar. Essa fonte é o *emissor*, e o que ele tem para comunicar é a *mensagem*.

Mensagem é aquilo que se quer transmitir.

Só esses elementos, porém, não bastam. É preciso que a mensagem encontre quem a receba: o *receptor*.
Resumindo, temos até agora:

O emissor envia a mensagem ao receptor.

Para que a mensagem transite do emissor ao receptor, é necessário dar-lhe uma forma que permita ser recebida e compreendida pelo receptor. Assim, é necessário codificar a mensagem, ou seja: transformá-la num *código* que o receptor conheça.

Inúmeros são os códigos utilizáveis, mas, de modo geral, todos se enquadram nestas formas:

palavra falada

palavra escrita

cor

gesto

som

desenho

O código mais importante é a *linguagem*: um sistema de signos (sinais, sons) convencionados por determinados grupos sociais.

Para completar o processo da comunicação, é preciso que haja entre o emissor e o receptor um meio de conduzir a mensagem: o *canal*, que pode sensibilizar os órgãos do sentido (audição, olfato, paladar, tato, visão).

Temos, até agora, os seguintes elementos da comunicação:

- *Mensagem*: aquilo que se quer transmitir.
- *Emissor*: quem transmite a mensagem.
- *Código*: todo sinal (signo ou símbolo) capaz de representar alguma mensagem (cor, desenho, gesto, palavra falada, palavra escrita, som).
- *Receptor*: quem recebe a mensagem e a compreende.
- *Canal*: meio capaz de conduzir a mensagem (audição, olfato, paladar, tato, visão).

A imagem seguinte reúne e explica todos os elementos da comunicação:

emissor — mensagem — receptor

QUERO ÁGUA.

código: palavra falada   *canal*: ondas sonoras produzidas pela voz do emissor que sensibilizam a audição do receptor

No processo de comunicação, emissor e receptor amiúde trocam de posição, pois cada um é potencialmente emissor (quando exprime) e receptor (quando recebe e entende a mensagem).

receptor — mensagem — emissor

NATURAL OU GELADA?

canal: ondas sonoras produzidas pela voz do emissor que sensibilizam a audição do receptor   *código*: palavra falada

Problemas de comunicação

Os problemas de comunicação (ou ruídos de comunicação) surpreendem a todos, aproveitando-se da pressa em cumprir uma tarefa, do descuido momentâneo, da falta de revisão analítica e – o que é pior – do desleixo. Tais problemas ocorrem quando:

a) o receptor não entende a mensagem, por desconhecimento do código ou do significado das palavras, deficiência auditiva ou visual, interferência, linguagem excessivamente técnica etc.;

b) a mensagem recebida *é diferente*, no conteúdo, da mensagem transmitida; isso por culpa do emissor, que não conseguiu fazer-se entender, ou do receptor, que por inúmeros motivos entendeu mal a mensagem.

Problema de comunicação causado pelo emissor

COMUNICADO	O comunicado é inválido porque segunda-feira não é fim de semana. Correto seria dizer:
Comunicamos que perderá o direito aos vencimentos de domingo o funcionário que faltar ao trabalho no sábado e na segunda-feira do mesmo fim de semana.	Comunicamos que perderá o direito aos vencimentos de domingo o funcionário que faltar ao trabalho no sábado imediatamente anterior e na segunda-feira imediatamente posterior.

A palavra

De todos os códigos, a palavra é o mais importante por seu extenso emprego. De dupla natureza, a palavra pode ser:
a) *falada*, quando sensibiliza a audição do receptor;
b) *escrita*, quando sensibiliza a visão do receptor.

Neste trabalho, interessa-nos mais de perto a palavra escrita, que precisa ser usada cuidadosamente para que a mensagem atinja o receptor; mais do que isso: que receba deste toda a atenção que o emissor almeje. O sucesso ou insucesso da comunicação depende principalmente do emissor, a quem cabe a tarefa de adequar a mensagem à capacidade do receptor: sem pedantismo nem deslizes que provoquem problemas de comunicação, suponham desleixo e indiferença ou demonstrem insegurança no emprego das normas da boa linguagem.

2. Formas de redação

O ser humano, diante da necessidade de se comunicar, vale-se de inúmeras formas de expor as mensagens. Quando as formas de exposição se assemelham de algum modo, elas são agrupadas. Assim, distinguimos logo duas classificações formais amplas: *redação em versos* e *redação em prosa*.
Podemos, ainda, enquadrar as mensagens do ponto de vista de seus elementos predominantes de conteúdo:
a) elementos *emotivos* ou *afetivos*;
b) elementos *racionais* ou *intelectivos*.

Com base nessas características predominantes, Raul Moreira Léllis[1] propõe esta classificação:

1. Gêneros em que há predominância de elementos emocionais
   - lírico } em versos
   - épico }
   - dramático (em prosa e em versos)
   - oratório (em prosa)

2. Gêneros em que há predominância de elementos racionais
   - narrativo (em prosa)
   - epistolar } em prosa e em versos
   - didático }

Obviamente, interessa-nos aqui o *gênero epistolar em prosa*, que se manifesta por meio da *correspondência escrita*: cartas, ofícios, memorandos, telegramas etc.
Conforme seu objetivo, a correspondência pode ser assim classificada:
a) *particular, familiar* ou *social*: trata de assuntos pessoais ou íntimos e é trocada por particulares;
b) *comercial*: trata exclusivamente de negócios e é trocada por empresas comerciais ou industriais, com a finalidade de iniciar, manter ou encerrar transações;
c) *bancária*: trata de assuntos ligados a dinheiro e é trocada por entidades financeiras entre si ou por estas e seus clientes, e vice-versa;

---

1. Raul Moreira Léllis. *Português no colégio*. 7ª ed., São Paulo, Nacional, 1967, p. 198.

d) *oficial*: trata de assuntos referentes ao serviço público e é trocada entre órgãos civis do governo ou entre órgãos militares;
e) *jornalística*: trata da informação, tendo como emissor um ou mais jornalistas e como receptor o público em geral.

3. Formas de tratamento

Na comunicação, o emissor dirige-se ao receptor, o qual ocupa um cargo, exerce uma função de maior ou menor importância na hierarquia estabelecida pela sociedade. A posição do receptor na escala hierárquica obriga o emissor a escolher a forma de tratamento adequada para cada caso, demonstrando, assim, sua segurança no emprego delas, seu bom--tom, sua finura. É aconselhável, portanto, o exame atencioso das formas de tratamento mais usuais e das recomendações (algumas de ordem legal) sobre sua aplicação.

Tratamento direto e tratamento indireto

Diz-se *direto* o tratamento usado para a pessoa a quem nos dirigimos na correspondência. Diz-se *indireto* o tratamento usado para a(s) pessoa(s) a quem o emissor faz referência.

Eis as formas de *tratamento direto*:

1. *Vossa Santidade*. É usada para o papa. Obviamente, não tem plural. Embora exista a abreviatura (V.S.), seu uso é desaconselhável por questão de respeito.

2. *Vossa Excelência* – plural: Vossas Excelências (abreviaturas: V. Exa. – V. Exas.). É forma de tratamento mais cerimoniosa e, portanto, reservada a altas autoridades[1], entre as quais:

Poder Executivo
a) Presidente da República
b) Vice-Presidente da República
c) Ministros de Estado
d) Secretário-Geral da Presidência da República
e) Consultor-Geral da Presidência da República
f) Chefe do Estado-Maior das Forças Armadas
g) Chefe do Gabinete Militar da Presidência da República
h) Chefe do Gabinete Pessoal do Presidente da República

---

1. Instrução Normativa nº 4 (de 6/3/92), *Diário Oficial da União* (9/3/92). Brasília, Secretaria da Administração Federal, p. 15.

i) Secretários da Presidência da República
j) Procurador-Geral da República
k) Governadores de Estados e do Distrito Federal
l) Vice-Governadores de Estados e do Distrito Federal
m) Chefes do Estado-Maior das Três Armas (Exército, Marinha, Aeronáutica)
n) Oficiais-Generais das Forças Armadas
o) Embaixadores
p) Secretário Executivo e Secretário Nacional de Ministérios
q) Secretários de Estado dos Governos Estaduais
r) Prefeitos Municipais

Poder Legislativo
a) Presidente, Vice-Presidente e Membros da Câmara dos Deputados e do Senado Federal
b) Presidente e Membros do Tribunal de Contas da União
c) Presidente e Membros das Assembleias Legislativas Estaduais
d) Presidentes das Câmaras Municipais

Poder Judiciário
a) Presidente e Membros do:
   Supremo Tribunal Federal
   Superior Tribunal de Justiça
   Superior Tribunal Militar
   Superior Tribunal Eleitoral
   Superior Tribunal do Trabalho
b) Presidente e Membros dos:
   Tribunais de Justiça
   Tribunais Regionais Federais
   Tribunais Regionais Eleitorais
   Tribunais Regionais do Trabalho
c) Juízes e Desembargadores
d) Auditores da Justiça Militar

Observação: Em se tratando do Presidente da República, não se abrevia a forma de tratamento. Essa mesma norma pode ser estendida a outras autoridades por deferência do emissor.

3. *Vossa Eminência* – plural: Vossas Eminências (abreviaturas: V. Ema. – V. Emas.) ou Vossa Eminência Reverendíssima – plural: Vossas Eminências Reverendíssimas (abreviaturas: V. Ema. Revma. – V. Emas. Revmas.). Forma de tratamento usada para cardeais. As abreviaturas são desaconselháveis.

4. *Vossa Excelência Reverendíssima* – plural: Vossas Excelências Reverendíssimas (abreviaturas: V. Exa. Revma. – V. Exas. Revmas.). Forma de tratamento usada para núncios, arcebispos e bispos.

5. *Vossa Reverendíssima* – plural: Vossas Reverendíssimas (abreviaturas: V. Revma. – V. Revmas.) ou *Vossa Senhoria Reverendíssima* – plural: Vossas Senhorias Reverendíssimas (abreviaturas: V. Sa. Revma. – V. Sas. Revmas.). Forma de tratamento usada para monsenhores, cônegos e superiores religiosos.

6. *Vossa Meritíssima* – plural: Vossas Meritíssimas. Forma de tratamento por tradição usada para juízes. Pode ser substituída por *Vossa Excelência*, conforme a Instrução Normativa nº 4, de 6/3/92.

7. *Vossa Magnificência* – plural: Vossas Magnificências (abreviaturas: V. Ma. – V. Mas.). Forma de tratamento usada, por força de tradição, para reitores. Desaconselham-se as abreviaturas.

8. *Vossa Senhoria* – plural: Vossas Senhorias (abreviaturas: V. Sa. – V. Sas.). Forma de tratamento usada para as outras autoridades e para particulares quando não exista intimidade ou não se queira demonstrá-la.

9. *Você* – plural: Vocês (abreviatura: V.). Forma de tratamento usada para íntimos (e pode até ser grafada com inicial minúscula). Modernamente, é usada em lugar de *V. Sa.* como forma de aproximação entre emissor e receptor, principalmente na correspondência comercial. Os internautas optaram pela forma *vc*.

Notas sobre as formas de *tratamento direto*:
a) Todas as formas de tratamento que arrolamos, quando exercem função de sujeito da oração, exigem os verbos na terceira pessoa (do singular ou do plural). Assim:
- Senhor Presidente, *Vossa Excelência merece* nossa confiança.
- Comunicamos que *V. Sas. deixaram* de quitar nossa duplicata em epígrafe.
- Confiamos em que *Vossa Magnificência colocará*, neste caso, os sentimentos acima da razão.
- Sentir-nos-íamos premiados se *V. Exa. nos dignasse* com tão valiosa presença.

b) É comum num documento o emissor repetir amiúde a forma de tratamento: ora como sujeito, ora como complemento. Esse inconveniente pode ser evitado pela substituição da forma de tratamento por pronomes oblíquos (o, a, os, as; lo, la, los, las[2]; no, na, nos, nas[3]; lhe, lhes) e por pronomes possessivos (seu, sua, seus, suas) sempre na terceira pessoa. Assim:

- Recorremos a *V. Revma.* na certeza de obtermos *sua* orientação no caso que *lhe* exporemos em seguida.
- Dirigimo-nos a *V. Sa.* para agradecer *seu* amável convite e cientificá-*lo* de nossa presença.
- Esperamos que *V. Exas.* examinem a proposição que *lhes* encaminhamos e, com brevidade, deem *seus* pareceres.
- Este clube quer homenagear *V. Sa.* pelo valioso trabalho desenvolvido durante *sua* gestão.

Observação: Essas substituições não devem ser feitas na introdução e no fecho da mensagem. Apenas na parte intermediária e exclusivamente com a finalidade de evitar repetições.

Eis as formas de *tratamento indireto*[4]:

1. *Sua Santidade* – plural: Suas Santidades (abreviaturas: S.S. – SS. SS.).

2. *Sua Excelência* – plural: Suas Excelências (abreviaturas: S. Exa. – S. Exas.).

3. *Sua Eminência* – plural: Suas Eminências (abreviaturas: S. Ema. – S. Emas.).

4. *Sua Excelência Reverendíssima* – plural: Suas Excelências Reverendíssimas (abreviaturas: S. Exa. Revma. – S. Exas. Revmas.).

5. *Sua Reverendíssima* – plural: Suas Reverendíssimas (abreviaturas: S. Revma. – S. Revmas.).

6. *Sua Meritíssima* – plural: Suas Meritíssimas.

---

2. Os pronomes *o, a, os, as*, quando empregados depois de verbos terminados em -*r*, -*s* ou -*z*, assumem as formas *lo, la, los, las*, desaparecendo dos verbos aquelas consoantes: *consultar + o = consultá-lo; auxiliamos + as = auxiliamo-las; fiz + a = fi-la*.
3. Os pronomes *o, a, os, as*, quando empregados depois de verbos terminados em -*m*, -*am* ou -*õe*, assumem a forma *no, na, nos, nas*: *consultam + o = consultam-no; dão + a = dão-na; propõe + as = propõe-nas; põem + os = põem-nos*.
4. Equivalem às formas de tratamento direto, bastando trocar *Vossa, Vossas* por *Sua, Suas*: *Vossa Sa.* (tratamento direto) – *Sua Sa.* (tratamento indireto).

7. *Sua Magnificência* – plural: Suas Magnificências (abreviaturas: S. Ma. – S. Mas.).

8. *Sua Senhoria* – plural: Suas Senhorias (abreviaturas: S. Sa. – S. Sas.).

Notas sobre as formas de *tratamento indireto*:
a) Embora várias formas de tratamento indireto também possuam abreviaturas, é de bom-tom empregá-las por extenso. Assim:
- Comunicamos ao povo em geral que *Sua Eminência*, o Núncio Apostólico, visitará nossa cidade no próximo dia dezoito.
- *Sua Excelência*, o Presidente da República, anunciou oficialmente medidas benéficas à cafeicultura brasileira.

b) Na maioria das vezes, a forma de tratamento indireto aparece acompanhada de aposto[5]. Assim:
- Medidas de alto valor social foram tomadas por Sua Excelência, o *Ministro do Planejamento*.
- A homilia foi feita por Sua Reverendíssima, o *Padre Ernesto Schneider*.

Formas de tratamento no endereço e na invocação

Na indicação do receptor no endereçamento e na invocação que lhe é feita, deve ser mantida a coerência com a forma de tratamento usada na mensagem. De acordo com a escala hierárquica a que nos temos referido, tanto num caso como noutro as formas são parecidas:

1. *no endereço*: o tratamento ocupa uma linha e é seguido na outra do nome civil do receptor ou do cargo que ele ocupa, sendo possível fazer certas abreviaturas. Assim:

Excelentíssimo Senhor
Prefeito Municipal de Porto Alegre

2. *na invocação*: conforme a Instrução Normativa nº 4, de 6/3/92, da Secretaria da Administração Federal, o tratamento é seguido de vírgula. Assim:

Reverendíssimo Padre,

---

5. Aposto é uma explicação, um esclarecimento.

Eis as formas de invocação usadas com mais frequência (as abreviaturas são desaconselháveis):

a) Santíssimo Padre;
b) Reverendíssimo Cônego;
c) Excelentíssimo Senhor;
d) Eminentíssimo Cardeal;
e) Magnífico Reitor;
f) Senhor[6].

---

6. Já não se devem usar, como antigamente, os superlativos *ilustríssimo* e *digníssimo* por serem pressupostos de quem mereça o tratamento de *senhor*.

4. Envelopes

Envelope é o invólucro da mensagem e se destina a protegê-la contra danos e quebra de sigilo no transporte.

Existem envelopes de vários tamanhos e qualquer deles pode ser usado. Entretanto, a Empresa Brasileira de Correios e Telégrafos estabelece medidas limitadas para os envelopes que serão por ela transportados. Ou seja:
  a) mínima: 10 cm × 7 cm;
  b) máxima: 60 cm na dimensão maior e 90 cm na soma do comprimento, largura e espessura (cerca de 51 cm × 38 cm no caso de pequena espessura).

Envelope padronizado de carta familiar ou comercial para endereçamento manuscrito.

Envelope padronizado tamanho ofício com timbre para endereçamento impresso.

Envelope de carta familiar ou comercial para endereçamento impresso.

Envelope tamanho ofício para endereçamento manuscrito.

Os envelopes mais usados são os que medem:
a) 23 cm × 11,5 cm, comuns na correspondência oficial (tamanho oficial);
b) 16 cm × 11,5 cm, comuns na correspondência particular e comercial.

De modo geral, os envelopes de órgãos públicos e de firmas são timbrados, isto é, trazem na face fechada já impressos o nome do órgão ou da empresa, seu símbolo, endereço etc.
Para sobrescritar o envelope, deve-se observar o seguinte:

1. O endereçamento (indicação do receptor e seu endereço) se faz na face fechada (anverso) e deve ocupar posição centralizada.
2. Os programas de computador têm ferramentas para impressão direta ou para etiquetas autocolantes.
Observação: As quadrículas à esquerda nos envelopes padronizados receberão o número do Código de Endereçamento Postal[1] (CEP), caso seja manuscrito. Com impressão ou etiqueta autocolante, o CEP aparecerá antes do nome da localidade.
3. Na indicação do receptor, escrevem-se em linhas diferentes:
   a) forma de tratamento adequada;
   b) nome civil do receptor com iniciais maiúsculas ou todas maiúsculas;
   c) nome do logradouro, número do prédio, setor, loja, sala etc. (apenas as letras iniciais maiúsculas);
Observação: Como o CEP contém os complementos do endereço codificados (bairro, vila, jardim etc.), é desnecessário fazer essa indicação.
   d) Código de Endereçamento Postal da localidade e, em seguida, o nome da localidade e a sigla da unidade da federação, separados por um traço.
Observações:
- Na correspondência oficial, é costume escrever na linha seguinte à do nome civil do receptor, com letras iniciais maiúsculas, o cargo que ele ocupa.
- Quando o nome civil do receptor é desconhecido, escreve-se em seu lugar o cargo que ocupa, podendo-se usar todas as letras maiúsculas.

---

1. O CEP atualmente tem oito números, com um traço de separação entre o quinto e o sexto. Não há ponto no CEP, pois cada número tem sua significação: estado, região, cidade, bairro, rua etc. Nos envelopes padronizados, sobrescritos à mão, escreve-se um número em cada quadrícula.

- Para firmas coletivas, quando o receptor pode ser qualquer dos sócios ou todos, pode-se usar a forma de tratamento com o plural entre parênteses: Senhor(es) ou Sr.(s).
4. Na face aberta do envelope (verso), indicam-se:
   a) nome do emissor (remetente);
   b) endereço completo;
   c) CEP, nome da localidade e sigla da unidade da federação com todas as letras maiúsculas e separados por um traço.

Observação: Quando há no timbre do envelope o endereço completo do emissor, pode-se dispensar o preenchimento da face aberta (verso).

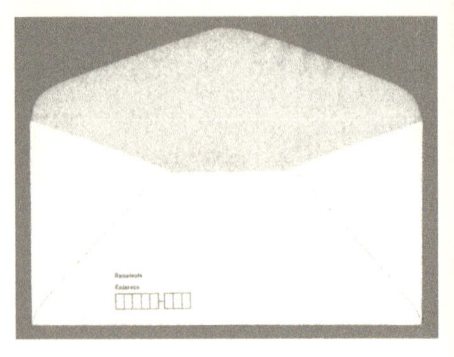

Notas sobre envelopes:
   a) Ao sobrescritar o envelope, cuidar para que as linhas sejam paralelas às bordas.
   b) Fixar o(s) selo(s) sem excesso de cola, procurando manter suas bordas paralelas às do envelope.
   c) Dobrar o papel o mínimo de vezes possível.
   d) Usar cola apenas o suficiente para fechar o envelope, evitando excessos que manchem o papel ou possam prejudicar o seu conteúdo.

5. Técnica de redação

De pouco adiantaria fazermos desta obra uma coletânea dos mais variados exemplos de redação se antes não sugeríssemos técnica que auxilie o emissor a fazer trabalhos muito além da repetição de formas gastas pelo uso.

Preparação

Para preparar-se para o trabalho que vai fazer, o emissor precisa dar respostas a estas quatro perguntas:

1. Quem será o responsável pela mensagem?
2. A quem se destina a mensagem?
3. Que mensagem pretendo transmitir?
4. De que informações necessito para ter segurança no assunto?

A resposta à primeira pergunta identifica o *emissor*. À segunda, identifica o *receptor* da mensagem: órgão público civil, órgão militar, empresa comercial, empresa industrial, entidade financeira, pessoa íntima ou de relações sociais[1]. A resposta à terceira pergunta identifica o *objetivo* a ser atingido com a mensagem. As respostas à quarta pergunta constituem os *pré-requisitos* necessários para que o objetivo seja realmente alcançado.

Citaremos lado a lado exemplos de *objetivos* e de seus *pré-requisitos* mais comuns:

Que *objetivos* pretendo alcançar?	De que *informações* necessito para ter segurança no assunto?
• Obter férias.	• Identificação correta do requerente, leis que o amparam, período da preferência.
• Vender um produto.	• Nome e especificação do produto, suas qualidades, opções, preços, condições de pagamento.

---

1. É conveniente nessa caracterização especificar o setor ou departamento do órgão, empresa ou entidade: departamento jurídico, setor de propaganda, gerência, secretaria etc.

Que *objetivos* pretendo alcançar?	De que *informações* necessito para ter segurança no assunto?
• Lembrar o vencimento de um título.	• Valor, data do vencimento, certeza de que não foi quitado, histórico da transação e de transações anteriores.
• Conseguir presença na inauguração de loja/filial.	• Endereço, pontos de referência, opções de acesso, estacionamento, linhas de ônibus/metrô, importância da loja/filial para os clientes.
• Convocar sócios para assembleia.	• Estatutos ou Regimento Interno, pauta, local, data (hora, dia, mês e ano).
• Apresentar novo gerente.	• *Curriculum vitae*, área de atuação, endereço de contatos, regalias.
• Obter crédito.	• Valor do crédito, destinação, avalistas, condições de pagamento, pareceres do setor financeiro e jurídico.
• Esclarecer mal-entendidos.	• Documentos que lhe deram origem, pontos de vista de ambas as partes, propostas de solução, pareceres dos setores envolvidos.
• Pedir desculpas por erro.	• Documentos que lhe deram origem, sugestões para corrigir o erro, possibilidades de remissão.
• Cumprimentar empresa pelo novo prédio.	• Publicação ou comunicação pela qual se tomou ciência do fato, endereço.
• Dar boas-vindas a funcionário.	• *Curriculum vitae*, seção de trabalho, importância para o órgão, data de admissão.
• Anunciar concorrência.	• O que está em concorrência, qualificação dos concorrentes, documentação exigida, forma de instruir o processo, local e data de encaminhamento, endereço eletrônico.

Que *objetivos* pretendo alcançar?	De que *informações* necessito para ter segurança no assunto?
• Informar mudança de endereço.	• Motivo da mudança, vantagens para os clientes, endereço, pontos de referência, opções de acesso, estacionamento, mapa.
• Obter pagamento de dívida.	• Valor da dívida, data do vencimento, certeza de que não houve quitação, histórico dessa transação e das anteriores, parecer do setor jurídico.
• Anunciar decisão.	• A decisão, as leis que a amparam, a data em que passa a vigorar, os setores sujeitos a ela, sanções em caso de infração.
• Conseguir obras públicas.	• Descrição das obras, importância para a coletividade, laudos técnicos, resultados presumíveis, custo.
• Certificar ocorrência.	• Documentos comprobatórios, nome e identificação do sujeito da ocorrência, atos que garantem a validade do documento.
• Obter informações.	• Pessoa, órgão ou empresa que deverá prestá-las, as informações desejadas, prazo para recebimento, necessidade ou não de sigilo.
• Obter atenção para um representante.	• Nome do representante, endereço de atendimento, endereço eletrônico, regalias.
• Dar procuração.	• Nome e identificação do outorgante e do outorgado, os poderes, o prazo de vigência.
• Recuperar um cliente.	• Histórico das transações, nome e endereço atuais, propostas, condições que favoreçam sua volta.
• Comunicar mudança de razão social.	• A razão social anterior, a nova razão social, novo *site*, motivos da mudança, a nova filosofia e seus benefícios para os clientes.

Que *objetivos* pretendo alcançar?	De que *informações* necessito para ter segurança no assunto?
• Obter informações.	• As informações pedidas, leis que orientam as respostas, pareceres dos diversos setores que garantam a validade das informações.

Observação: Cada mensagem deve ter um único *objetivo*.

Execução

Feita a preparação, o emissor inicia a segunda fase do trabalho, que é a execução. Para esta fase, nossa sugestão é a seguinte:

Exposição

Neste primeiro passo da execução, o emissor usará os elementos de que dispõe: caracterização do *emissor* e do *receptor*, *objetivo* e *pré-requisitos*. Vai, pois, criar a *exposição*, trabalho que consiste, *grosso modo,* em *desenvolver o objetivo.* É aconselhável que neste trabalho o redator:
a) seja o mais natural possível;
b) imagine que o receptor esteja ali, à sua frente;
c) escreva o que e como diria de viva voz;
d) esteja despreocupado das normas de feitura do documento e das regras gramaticais.

O preenchimento da ficha abaixo pode ser útil nesta fase:

Emissor: ....
Receptor: ....
Objetivo: ....
Exposição: ....
....
....
....
....
....

Eis alguns exemplos de fichas preenchidas:

Exemplo 1
Emissor: Diretor Comercial das Indústrias do Vestuário S.A.
Receptor: Gerente das Lojas Latino Americanas S.A.
Objetivo: Obter atenção para representante.
Exposição: O Sr. Juvenal da Costa Santos é nosso representante nessa cidade. Ele tem algo importante para lhe dizer, mas teme procurá-lo em momento que não seja oportuno. Por isso, pedimos que você marque um horário para recebê-lo: Telefone fixo: 5287-4412; celular: 9884-3552; *e-mail*: jucosa@hotmail.com.

Exemplo 2
Emissor: Diretor Financeiro da Indústria Metalforte S.A.
Receptor: Diretor-presidente das Lojas Pegue-Pague-Leve.
Objetivo: Lembrar o vencimento de título.
Exposição: Nosso título BD-254/09, de seu aceite, no valor de R$ 13 551,00, venceu a 15 de agosto e não foi quitado ainda.

Exemplo 3
Emissor: Josué Vilaça dos Santos, funcionário RE-3.
Receptor: Secretário de Estado dos Recursos Humanos.
Objetivo: Obter licença especial de três meses.
Exposição: Completei cinco anos de serviço público a 5 de março de 2010. Tenho direito a licença especial de três meses conforme a Lei nº 5.871, de 6 de novembro de 1968, em seu artigo 74, combinado com o artigo 84. Pretendo gozar essa licença no período de 1º de setembro a 1º de dezembro de 2010.

Exemplo 4
Emissor: Gerente da Loja Vestetodos S.A.
Receptor: Prefeito Municipal de Campo Belo.
Objetivo: Convidar para a inauguração de novo prédio.
Exposição: Vamos inaugurar o novo prédio da Loja Vestetodos, na Rua Dorival Caymmi, 675, dia 18 de outubro, às 17h. Sua presença dará muita alegria a todos nós.

Exemplo 5
Emissor: Gerente de Vendas da Indústria do Vestuário S.A.
Receptor: Gerente das Lojas Bem Vestir.
Objetivo: Pedir desculpas por erro.
Exposição: Erramos ao aviar seu pedido nº 677/09 e rogamos desculpas. Tomamos já todas as providências para substituir os artigos sobre os quais recaíram as reclamações.

Exemplo 6
Emissor: Presidente da Fundação Beneficente Jorge Amado.
Receptor: Curadores da Fundação.
Objetivo: Convencer da necessidade de comparecimento à Reunião Extraordinária.
Exposição: Será realizada no dia 30 de julho uma Reunião Extraordinária dos Curadores da Fundação Beneficente Jorge Amado (Fubeja), como bem esclarece o Edital já publicado. Os assuntos da pauta são muito importantes para todos. Insistimos no seu comparecimento porque algumas decisões precisam de sua análise por envolverem investimentos imediatos.

Exemplo 7
Emissor: Departamento Financeiro das Lojas J.W. S.A.
Receptor: Diretor da Distribuidora de Materiais Elétricos S.A.
Objetivo: Relembrar atraso de pagamento.
Exposição: Esta é a segunda carta que lhe enviamos após o vencimento do título VC-476/09, de seu aceite, no valor de R$ 76 870,00. Insistimos para que providencie o pagamento com a máxima urgência, a fim de evitarmos ação judicial.

Exemplo 8
Emissor: Inspetor Regional de Ensino.
Receptor: Secretário de Estado da Educação.
Objetivo: Obter análise de argumentos contra a desativação de prédio escolar.
Exposição: A proposta de V. Exa. para desativar o prédio em que funciona a Escola "Inocência Stanganelli Pozzi" foi por nós analisada e concordamos com a maioria dos argumentos citados. Entretanto, parece ser de nossa obrigação encaminhar outros dados para que V. Exa. os aprecie antes de tomar a decisão definitiva.

Exemplo 9
Emissor: Secretário de Estado de Obras e Viação.
Receptor: Diretor da Escola Estadual "Manuel Bandeira".
Objetivo: Obter subsídios para ampliação de prédio.
Exposição: Solicito de V. Sa. estudos a fim de fornecer a esta Secretaria subsídios para ampliação do prédio dessa unidade escolar.

Exemplo 10
Emissor: Unidade Sanitária de Ipojuca.
Receptor: Quem tiver interesse.
Objetivo: Atestar prestação de serviço de funcionária.
Exposição: A Sra. Disolina Andrade Sepetiba, funcionária pública nível FPS-4, portadora da Cédula de Identidade nº 394 718, inscrita no CPF sob nº 045 798 447-92, prestou serviço nesta unidade sanitária de 20 de outubro de 2002 a 15 de agosto de 2006, conforme o termo de posse lavrado na página 30 do livro USP-1 e a Portaria nº 6.877/06, de 15 de agosto de 2002, transferindo-a para a Unidade Sanitária de Ibirajuba.

Exemplo 11
Emissor: Gerente de Cadastro da Loja SOMETAIS S.A.
Receptor: Diretor Financeiro da Comercial de Ferragens Ltda.
Objetivo: Recuperar cliente.
Exposição: Depois de três anos de marcante presença em nossa relação de clientes preferenciais, notamos agora sua ausência. Ficamos tristes, pois tê-lo como nosso cliente sempre foi para nós motivo de orgulho. Estamos aguardando sua volta.

Determinação da forma do documento

Concluída a exposição, chega o momento de determinar a *forma do documento* que a conterá. Esse procedimento parece-nos necessário agora porque algumas formas têm normas de feitura um tanto rígidas: requerimentos, editais, declarações, atestados etc. Outras formas permitem liberdade ao emissor: cartas, bilhetes, memorandos, circulares etc.

Para esse trabalho, sugerimos que o emissor assinale a opção que melhor complete a frase a seguir.

O documento que estou redigindo:
( ) tem normas rígidas de feitura.
( ) permite liberdade na feitura.

Se foi assinalada a opção "tem normas rígidas de feitura", o emissor deve, antes de prosseguir, ler as características de feitura desses documentos.

Dos 11 exemplos de exposição que demos, têm normas rígidas os de número 3 (requerimento), 6 (edital), 10 (atestado) 8 e 9 (ofícios). Trata-se de documentos que, à força de hábito, são considerados de normas rígidas[2]. Permitem liberdade de feitura os exemplos de números 1, 2, 4, 5, 7 e 11.

Apelo

Obtida a exposição, supõe-se que o receptor dará toda a atenção ao documento. Na prática, isso nem sempre ocorre: ora por indisposição, ora por excesso de trabalho, ora por não ver razão especial para tratamento prioritário. É interessante, pois, incorporar à mensagem algum *apelo* capaz de *sensibilizar o receptor* e *predispô-lo a agir conforme os desejos do emissor*. Com base na caracterização do receptor e nos pré-requisitos, o redator pode identificar os prováveis pontos sensíveis a serem tocados na elaboração do apelo.

É impossível arrolar todas as possibilidades, mas esperamos que esta relação de qualidades, sentimentos, necessidades, instintos, emoções e desejos, apresentada em ordem alfabética, seja útil ao emissor quando elaborar o apelo:

alegria	defesa	religiosidade
altruísmo	elevação social	responsabilidade
ambição	enriquecimento	retidão de caráter
amor	gosto estético	sabedoria
autorrealização	inteligência	segurança
aventura	justiça	sociabilidade
aversão	medo	solidez
bom-senso	moralidade	superstição
bondade	perdão	ternura
cordialidade	pontualidade	tristeza
criatividade	proteção	vaidade

2. Localizá-los por meio do índice.

Eis alguns exemplos de apelo que podem ser usados:

1. Nosso representante tem autonomia para expor fórmulas de mercado que só revelamos a clientes especiais. Dando-lhe atenção, você pode estar fazendo um investimento lucrativo.

2. Conhecemos sua solidez nos negócios e seu desejo de manter o prestígio dessa empresa. Entendemos que o atraso na quitação teve motivos independentes de sua vontade.

3. Sua opinião, sempre baseada em longos estudos e expressada com o bom-senso que caracteriza sua personalidade, será valiosa para orientar nossa decisão.

4. Nossos produtos, além de elevar o conceito de sua loja, permitem rendimentos de 5 a 10% sobre qualquer similar.

5. Se eu estivesse em seu lugar, agiria da mesma forma. Entretanto, conhecendo sua bondade, sei que o erro será perdoado. De minha parte fica o propósito de não abusar, tudo fazendo para que não ocorram mais erros.

6. Seu silêncio aos nossos apelos e a demora em quitar a dívida acarretarão:
   a) despesas com empréstimos bancários;
   b) impontualidade na quitação de nossas dívidas com os fornecedores.

O que mais nos desagrada, porém, é a certeza de não merecermos de sua parte a mesma consideração que lhe dedicamos.

7. Sua presença é muito importante para indicar, com sua inteligência e criatividade, as soluções desses problemas que nos parecem difíceis.

8. Sabemos que sua retidão de caráter não lhe permitirá agir sob qualquer influência. Não pretendemos, pois, influenciá-lo. Apenas apresentamos esses subsídios porque os consideramos úteis para uma análise de outros pontos de vista.

9. O crédito pressupõe responsabilidade de quem o recebe. Por isso o concedemos. Cabe agora protegê-lo e ampliá-lo. Mas isso não depende de nós.

10. Vossa Excelência dispõe de técnicos especializados. Dificilmente precisará de serviços terceirizados. Mesmo assim, estaremos à sua disposição para colaborar quando nossa experiência lhe parecer útil e oportuna.

11. Entendemos que o crédito de uma empresa é determinado mais pela pontualidade do cliente que pela quantia creditada. Sua pontualidade em saldar grandes débitos foi sempre exemplar. Um pequeno débito está desafiando sua pontualidade. Talvez por ser pequeno.

Observação: Quando a exposição por si é oferecimento ou concessão de benefício ansiado pelo receptor, não há necessidade de apelo: parcelamento de dívida aceito, comunicado de promoção, concessão de férias etc.

Impulso à ação

O apelo visa a sensibilizar o receptor e a predispô-lo a agir conforme os desejos do emissor. Para levar o receptor da *predisposição* à *ação*, pode ser necessário um *impulso* que o faça tomar logo uma decisão. O impulso é costumeiramente usado nas propagandas (ligue já, corra etc.). De preferência, o impulso deve:

a) demonstrar que o emissor está seguro de uma ação favorável do receptor;
b) mostrar ao receptor o que deve fazer e como fazer;
c) conter uma única proposta de ação: a que for mais eficiente para o emissor e mais prática para o receptor.

Eis aqui alguns exemplos de *impulso*:

1. Anote a data da Assembleia para não agendar outro compromisso.

2. Acesse agora mesmo nosso *site* e confira nossas ofertas.

3. Registre nosso número de celular para que o atendamos a qualquer hora.

4. Marque agora mesmo pelo telefone 5287-4412 o horário que lhe for mais conveniente.

5. Envie-nos agora seu cheque, usando para sua facilidade o envelope anexo.

6. Preencha o questionário anexo e remeta-o ainda hoje.

7. Atualize seu cadastro ainda hoje, completando as informações do impresso e remetendo-o no envelope já sobrescritado e selado.

8. Pedimos que analise mais esses argumentos antes de tomar a decisão final.

9. Pedimos licença para sugerir que determine à sua secretária a anotação de nosso endereço.

10. Não mande dinheiro. Apenas assinale sim no cartão e ponha-o no correio.

11. Ligue agora para 0800-4229-7000 e livre-se do incômodo de ir à banca comprar o jornal.

12. Pedi ao nosso advogado que aguarde até o dia 18, pois sei que seu cheque vai chegar antes dessa data.

Observação: Alguns impulsos podem ser reforçados em *post scriptum*[3] com a letra do emissor. Assim:

P.S.: Não esqueça: dia 25 de outubro às 16 horas.

Esboço da mensagem

Obtida a exposição, escolhido o apelo e indicado o impulso, o emissor já pode fazer o *esboço da mensagem*. Assim:

Exemplo 1
Emissor: Diretor Comercial das Indústrias Janus S.A.
Receptor: Gerente das Lojas Latino Americanas S.A.
Objetivo: Obter atenção para representante.

---

3. Não é recomendável usar o *post scriptum* para acrescentar algo que foi esquecido.

Exposição: O Sr. Juvenal da Costa Santos, nosso representante nessa cidade, tem algo importante para dizer-lhe, mas teme procurá-lo em hora inoportuna.
Apelo: Nosso representante tem autonomia para expor fórmulas de mercado que só revelamos a clientes especiais. Dando--lhe atenção, você investe algum tempo, mas pode lucrar com esse investimento.
Impulso: Marque agora mesmo pelo telefone 5287-4412 ou 9884--3552 o horário de sua conveniência para receber nosso representante.

Exemplo 2
Emissor: Diretor Financeiro da Indústria Metalforte S.A.
Receptor: Diretor-Presidente das Lojas Pegue-Pague-Leve S.A.
Objetivo: Lembrar o vencimento do título.
Exposição: Nosso título AS-505/09, de seu aceite, no valor de R$13 522,50, venceu a 5 de fevereiro e não foi quitado até o momento. Pedimos prioridade para esse pagamento.
Apelo: Sabemos de sua solidez nos negócios e de seu desejo de manter o prestígio dessa empresa. Entendemos que o atraso na quitação teve motivos independentes de sua vontade.
Impulso: Preencha o cheque no valor do título e remeta-o ainda hoje no envelope sobrescritado que anexamos para sua facilidade.

Exemplo 3
Emissor: Gerente da Loja Vestetodos S.A.
Receptor: Prefeito Municipal de Campo Belo.
Objetivo: Convidar para a inauguração de novo prédio.
Exposição: Vamos inaugurar o novo prédio da Loja Vestetodos, na Rua Dorival Caymmi, 675, dia 18 de outubro, às 17h.
Apelo: Sua presença na solenidade dará muita alegria a todos nós.
Impulso: Pedimos licença para sugerir a anotação em sua agenda dessa data e horário para não esquecê-los e não nos privar de sua presença.

Exemplo 4
Emissor: Presidente da Fundação Beneficente Jorge Amado.
Receptor: Curadores da Fundação.

Objetivo: Convencer da necessidade de comparecimento à Reunião Extraordinária.

Exposição: Será realizada a 30 de julho, às 20 horas, Assembleia-Geral Extraordinária dos Curadores da Fundação Beneficente Jorge Amado (Fubeja). Os assuntos da pauta, como esclarece o Edital já publicado, são muito importantes para todos.

Apelo: Sua opinião, sempre baseada em longos estudos e externada com o bom senso que caracteriza sua personalidade, será valiosa para orientar nossas decisões.

Impulso: Anote em sua agenda a data da Reunião para não esquecê-la e compareça disposto a nos ajudar.

P.S.: Dr. Fidelcino, conto com sua presença indispensável.
Rigoberto

Exemplo 5

Emissor: Gerente de Vendas da Indústria do Vestuário S.A.
Receptor: Gerente das Lojas Bem Vestir.
Objetivo: Pedir desculpas por erro.
Exposição: Rogamos desculpas pelo erro que cometemos ao aviar seu pedido nº 677/09. Já providenciamos a substituição dos artigos que estão em desacordo com seus interesses.
Apelo: Se estivéssemos em seu lugar, agiríamos da mesma forma. Entretanto, conhecendo sua bondade, sabemos que o erro será perdoado. De nossa parte fica o propósito de não abusar, tudo fazendo para que não ocorram mais erros.
Impulso: Como penitência, enviamos anexa uma relação dos lançamentos para o verão com preços e condições especiais. Demonstre que estamos perdoados e envie hoje mesmo novo pedido[4].

Exemplo 6

Emissor: Inspetor Regional de Ensino.
Receptor: Secretário de Estado da Educação.
Objetivo: Obter análise de argumentos contra a desativação de prédio escolar.

---

4. Aqui, aproveita-se o impulso para inserir proposta de venda. Esse expediente, usado com cautela, pode dar bons resultados.

Exposição: Analisamos a proposta de V. Exa. para desativar o prédio da Escola "Inocência Stanganelli Pozzi". Concordamos com a maioria dos argumentos apresentados. Cremos, entretanto, ser de nossa obrigação encaminhar outras informações para análise.
Apelo: Sua retidão de caráter não lhe permitirá agir sob nenhuma influência. Não pretendemos, pois, influenciá-lo. Apenas encaminhamos esses subsídios por considerá-los úteis para uma análise de outros pontos de vista.
Impulso: Rogamos a V. Exa. que mande analisar esses dados antes de tomar a decisão final.

Exemplo 7
Emissor: Secretário de Estado de Obras e Viação.
Receptor: Diretor da Escola "Manuel Bandeira".
Objetivo: Obter subsídios para ampliação de prédio.
Exposição: Solicito de V. Sa. estudos com o fim de fornecer a esta Secretaria subsídios para a ampliação do prédio dessa unidade escolar.
Apelo: (Desnecessário por ser um oferecimento ansiado.)
Impulso: (Desnecessário por ser a ação de interesse do receptor.)

Exemplo 8
Emissor: Gerente de Cadastro da Loja SOMETAIS S.A.
Receptor: Diretor Financeiro da Comercial de Ferragens S.A.
Objetivo: Recuperar cliente.
Exposição: Durante três anos, seu nome se destacou na relação de nossos clientes. Ao notarmos agora sua ausência, ficamos tristes. Tê-lo como cliente sempre foi para nós motivo de orgulho.
Apelo: Apressamo-nos em procurá-lo. Queremos vê-lo de volta e para isso oferecemos condições de pagamento que não concedemos habitualmente. Assim, cremos assegurar-lhe bons lucros e vê-lo de novo entre nossos clientes assíduos.
Impulso: Ficaremos contentes novamente se nos encaminhar agora mesmo a relação de artigos que faltam em seu estoque.

Palavras e situações inconvenientes

Se é temível falar em corda na casa de enforcado, é também temível usar na mensagem, com referência ao receptor, certas palavras que o desagradem. Dentre as diversas palavras que devem ser evitadas estão estas:

absurdo	erro	ineficiência
cassação	estupidez	inércia
concordata	falência	insolvência
desleixo	falha	problema
desorganização	grosseria	protesto
despreparo	imperícia	punição
dificuldade	incapacidade	sujeira

Essas e outras palavras podem até não aparecer no texto. Basta que a situação usada as lembre para melindrar o receptor.

Os exemplos seguintes servem de alerta ao emissor para que evite situações semelhantes:

1. Analisamos sua proposta de parcelamento e concluímos que ela é absurda por estar distante dos procedimentos normais de nossa empresa.

Observação: Essa exposição deverá deixar o receptor exultante ao saber que concebeu uma proposta absurda, exigindo procedimento anormal da empresa...

2. Se as vendas não foram boas, tal fato deve ser atribuído à incapacidade de seus divulgadores e não à qualidade de nossos produtos.

Observação: Essa exposição, além de revelar falta de modéstia do emissor, é preconceituosa.

3. Estamos certos de que você está precisando de um escritório funcional, moderno, alegre, pois os tempos de austeridade já se foram. Venha hoje até nossa loja e veja de perto a diferença.

Observação: Com outras palavras, o apelo deixa claro que o receptor não modernizou suas instalações e, certamente, não evoluiu. O impulso pretende provar-lhe isso com uma visita.

4. A época atual tem deixado as pessoas em dificuldade. Se você está com as contas de pernas pro ar, procure-nos imediatamente.

Observação: Atitude preconceituosa que supõe um emissor em dificuldades e apresenta-se como tábua de salvação.

Análise do conteúdo

O trabalho redacional, ainda em fase de execução, merece agora uma análise capaz de dar ao emissor a certeza de ter posto no papel o que:
a) realmente gostaria de transmitir com a mensagem;
b) o receptor precisa compreender.

Para essa análise, sugerimos que a mensagem seja submetida a este questionário, assinalando a resposta que merecer:

	Sim	Não
a) A mensagem expressa o pensamento do emissor?	( )	( )
b) Há coerência entre a mensagem e o objetivo?	( )	( )
c) Há sequência lógica das ideias, de modo que o receptor não se perca?	( )	( )
d) Está claro na exposição o que se pretende com a mensagem?	( )	( )
e) As palavras usadas serão compreendidas com facilidade?	( )	( )
f) A mensagem está isenta de alguma palavra ou frase que possa ter interpretação diferente do desejado?	( )	( )
g) Há orientação ao receptor sobre o modo de agir?	( )	( )
h) Em lugar do receptor, saberia o que se pretende com a mensagem sem fazer pergunta(s)?	( )	( )

Ocorrendo resposta negativa para qualquer das perguntas, o emissor deve modificar a mensagem tantas vezes quantas forem necessárias até obter somente respostas positivas.

Harmonização das partes

Um trabalho feito em partes corre o risco de parecer uma colcha de retalhos, uma sequência de compartimentos estanques. Por isso convém agora ao redator tomar duas providências que aproximem o esboço da redação final:

a) harmonizar as diversas partes da mensagem, de modo que passem a formar um todo;
b) abreviar ao máximo a mensagem sem prejudicar-lhe a clareza.

Daremos aqui apenas um exemplo desse trabalho: o de número 5 no esboço da mensagem. Outros exemplos aparecerão mais adiante.

Emissor: Gerente de Vendas da Indústria do Vestuário S.A.
Receptor: Gerente das Lojas Bem Vestir.
Objetivo: Pedir desculpas por erro.

Você tem toda a razão: erramos ao aviar seu pedido nº 677/09 e pedimos desculpas. Já providenciamos a substituição dos artigos alheios aos seus interesses.

Você agiu como nós agiríamos em igual situação. Afinal, não somos irrepreensíveis. Entretanto, sabemos que por sua bondade seremos perdoados e prometemos tudo fazer para evitar outro erro.

Nossa penitência são os preços e condições de pagamento que lhe oferecemos nos lançamentos para o verão. Consulte a relação anexa e demonstre que estamos perdoados, enviando hoje mesmo seu pedido.

Aprimoramento da forma

Obtida a harmonização das partes da mensagem, é desejável ainda que o emissor tente aprimorar o texto, por meio de uma revisão, visando a excluir alguns defeitos que eventualmente persistam.

Palavras e expressões desnecessárias

A clareza é uma das características de toda mensagem. Entretanto, em nome da clareza, incluímos na mensagem muitas vezes palavras e expressões que apenas ocupam lugar. Dentre elas estão também muitos adjetivos que, por serem já esperados, não causam nenhuma surpresa. A ausência dessas palavras e expressões em nada altera o sentido da frase. É conveniente, pois, eliminá-las. Eis alguns exemplos:

Mensagem com palavras e expressões desnecessárias	Mensagem adequada
Lamentamos informar a V. Sa. que um lamentável acidente ocorrido no dia de ontem impedirá a esperada presença do ínclito Professor Rodolfo Hermógenes da Costa na festiva solenidade de inauguração do majestoso Centro de Convenções São Crisóstomo, privando-o do hospitaleiro convívio do laborioso povo dessa progressista cidade.	Lamentamos informar a V. Sa. que um acidente ocorrido ontem impedirá a presença do Professor Rodolfo Hermógenes da Costa na inauguração do Centro de Convenções São Crisóstomo, privando-o do convívio do povo dessa cidade.
Esclarecemos que este Departamento foi organizado de tal forma que agilizará o competente e necessário atendimento a toda e qualquer empresa que atue na área de projetos.	Esclarecemos que este Departamento foi organizado para agilizar o atendimento às empresas que atuem em projetos.
Enviamos no dia 6 do mês de agosto com destino a essa indústria o pedido de cinco caixas contendo cada uma dez unidades de bandejas de forma oval feitas de plástico na cor verde.	Enviamos-lhe a 6 de agosto o pedido de cinco caixas com dez unidades de bandejas ovais de plástico verde.
Durante o habitual e rotineiro processo instaurado na cidade de Mogi das Cruzes, no estado de São Paulo, ficou claro e evidente que o indigitado réu mantinha em depósito numa agência bancária a soma consideravelmente alta de R$ 5 120,00, resultante da venda e alienação de dez unidades de telefones celulares, cinco máquinas fotográficas digitais e oito aparelhos de DVD.	No processo instaurado em Mogi das Cruzes, São Paulo, ficou claro que o réu mantinha em depósito bancário R$ 5 120,00, resultantes da venda de dez telefones celulares, cinco câmaras digitais e oito aparelhos de DVD.

Mensagem com palavras e expressões desnecessárias	Mensagem adequada
Os documentos solicitados por V. Sa. foram encaminhados por meio de malote e ficarão ao seu inteiro dispor depositados sob a responsabilidade da Inspetoria Regional do Meio Ambiente durante um período de dez dias.	Os documentos solicitados por V. Sa. foram encaminhados por malote e ficarão a seu dispor na Inspetoria Regional do Meio Ambiente por dez dias.
Informamos para o fim específico de esclarecimento ao mutuário que o seu débito na data atual equivale à soma total de R$ 8 513,45.	Informamos ao mutuário que seu débito total é de R$ 8 513,45.
Avisamos que sobre o valor total da compra haverá incidência de juros à razão de 1,5% ao mês se por acaso ocorrer financiamento pelo prazo de até dez meses. No caso específico de pagamento à vista no ato da compra, concederemos um desconto à base de 5%.	Avisamos que sobre o valor da compra incidirão juros de 1,5% ao mês para financiamento em até dez meses. Para pagamento à vista, concederemos desconto de 5%.

Períodos com várias orações

Os períodos com várias orações podem tornar-se complexos, dificultando a compreensão. Por isso é bom que o emissor esteja atento a dois aspectos que podem tornar o período complexo:
- o número de verbos;
- o número de conjunções (*e, nem, mas, porque, pois, que, embora, quando, se* etc.), principalmente se estiverem repetidas.

Embora não se possa estabelecer um limite para o número de verbos ou de conjunções, sugerimos que o período seja reexaminado quando ocorrerem mais de quatro verbos ou mais de três conjunções[5]. Isso ocorrendo, é interessante dividi-lo.

---

5. Certos períodos de várias orações são de fácil compreensão. O número de verbos e conjunções são apenas sugestões.

Citamos alguns exemplos (destacamos verbos e conjunções):

Períodos complexos	Períodos mais adequados
Reconhecemos que nos *precipitamos* na substituição dos artigos de ordem MSP-35, *que constam* de seu pedido, pelos de ordem MST-44, *mas agimos* sem prévia consulta *porque* seu pedido *exigia* urgência e os artigos solicitados *saíram* de linha, *surgindo* em seu lugar novo produto *que tem* melhor qualidade e preço mais acessível.	*Reconhecemos que* nos *precipitamos* na substituição dos artigos de ordem MSP-35, *que constam* de seu pedido, pelos de ordem MST-44. *Agimos* sem prévia consulta *porque*: a) seu pedido *exigia* urgência; b) os artigos solicitados *saíram* de linha, *surgindo* em seu lugar novo produto de melhor qualidade e preço mais acessível.
O suplicante *compareceu e comprovou* documentalmente suas afirmações, *mas* o réu, *que* também *compareceu, pôs* em dúvida os documentos *porque continham* datas posteriores aos acontecimentos *e apresentavam* visíveis diferenças nas assinaturas.	O suplicante *comprovou* documentalmente suas afirmações. O réu, *que* também *compareceu, pôs* em dúvida os documentos. *Alegou serem* as datas posteriores aos acontecimentos *e terem* assinaturas com visíveis diferenças.
O pedido *que* você nos *enviou fez*-nos felizes *porque imaginávamos que* seu afastamento de nossa empresa *fosse* irreversível *porque* lhe *enviamos* três cartas, *solicitando que apontasse* as causas desse afastamento *para que corrigíssemos* a falha *se fosse* nossa, *mas* nossas cartas *ficaram* sem resposta *e, recebendo* agora seu pedido, *acreditamos que* tudo não *passou* de um erro de julgamento de nossa parte *porque vemos que* o amigo *continua* nosso cliente.	O pedido *que* você nos *enviou fez*-nos felizes. *Imaginávamos que* seu afastamento de nossa empresa *fosse* irreversível. *Enviamos*-lhe três cartas, *solicitando que apontasse* as causas desse afastamento. *Queríamos corrigir* a falha *se fosse* nossa. As cartas *ficaram* sem resposta. *Recebendo* agora seu pedido, *acreditamos que houve* erro de julgamento de nossa parte. *Vemos que* o amigo *continua* nosso cliente.

Períodos complexos	Períodos mais adequados
As informações *que* V. Sa. *prestou* no ofício 275/08 *estão* incompletas *porque* nelas *inexistem* dados sobre os recursos humanos necessários, *como inexistem* previsões de gastos com material, *tornando*-se impossível a autorização de funcionamento do curso *que sugere* sem o complemento das informações, *pois* só à vista delas *saberemos* se nossos recursos *comportam* essa promoção.	As informações *que* V. Sa. *prestou* no ofício 275/08 *estão* incompletas. Nelas *inexistem*: a) dados sobre os recursos humanos necessários; b) previsões de gastos com material. Torna-se impossível a autorização de funcionamento do curso *que sugere* sem o complemento das informações. Só à vista delas *saberemos* se nossos recursos *comportam* essa promoção.

Jargão

Embora haja muitos casos em que o emprego de jargão seja apenas um modo de impressionar, há também muitos casos em que seu emprego é necessário. Seja qual for o motivo de sua existência, o jargão tem significado preciso para quem o emprega, mas é possível que o receptor não o entenda. Isso impedirá ou dificultará a comunicação. É desejável, portanto, que o emissor identifique o jargão que por acaso exista no esboço da mensagem e, consultando os pré-requisitos do receptor, assegure-se de que haverá compreensão. Em caso de dúvida, é importante substituí-lo por expressão acessível ou traduzi-lo entre parênteses.

Eis alguns exemplos:

Mensagem com excesso de jargão	Mensagem com jargão adequado
Ficou evidenciada, pela análise dos componentes documentais oriundos de procedimentos coloquiais, a necessidade de otimizar a área promocional, dando-lhe desempenho de alta eficiência e poder de processamento menos custoso.	Ficou clara, pela análise dos documentos obtidos por entrevistas, a necessidade de melhorar a propaganda, dando--lhe maior eficiência e menor custo.

Mensagem com excesso de jargão	Mensagem com jargão adequado
Na reunião, ficou decidido que o Secretário Executivo da Empresa finalizará em dez dias o projeto de sistematização operacional na área de propaganda.	Na reunião, ficou decidido que o Secretário Executivo da Empresa concluirá em dez dias os estudos para estabelecer as normas de trabalho em propaganda.
Atesto que o Sr. Poligênio das Mercês Lustosa se submeteu hoje ao procedimento operatório de apendicectomia, devendo permanecer três dias sob regime hospitalar.	Atesto que o Sr. Poligênio das Mercês Lustosa se submeteu hoje a uma cirurgia de apendicectomia (extração do apêndice), devendo permanecer três dias hospitalizado.
Percebemos em sua carta uma intencionalidade íntima de estabelecer um intercâmbio pessoal de ideias atinentes ao assunto em tela, o que encontra reciprocidade em nossas disposições, pois somos crentes nas potencialidades desse intercâmbio e sabemos que a conclusividade resultante dessa associação será ambilateralmente benéfica aos interesses envolvidos.	Percebemos em sua carta a intenção de reunir-se conosco para debatermos o assunto, o que é também de nosso interesse, pois acreditamos chegar com esse debate a conclusões benéficas para as duas partes.

Palavras de uso corrente

Estimam os estudiosos que a língua portuguesa, falada no Brasil, em Portugal (e suas ilhas), Angola, Cabo Verde, Guiné-Bissau, Moçambique, São Tomé e Príncipe e Timor Leste, tenha cerca de 1 milhão de palavras. São cerca de 234 141 200 falantes, fazendo dela a quinta língua mais falada no mundo.

Embora a língua seja a mesma, principalmente depois do Acordo Ortográfico entre os países da Comunidade de Países de Língua Portuguesa (CPLP), há diversidade no emprego das palavras. Cada país, cada região tem seu próprio repertório: empregamos certas palavras que não são empregadas além-mar e vice-versa. Pequena parcela das palavras tem uso corrente. Basta dizer que um bom dicionário tem perto de 250 mil palavras.

Esses números dão-nos uma ideia da riqueza vocabular de nossa língua. São tantas as possibilidades de codificar mensagens que, curiosamente, o homem de letras, Dr. Antônio de Araújo Gomes de Sá Filho[6], pronunciou seu discurso de posse no Instituto Histórico da Bahia sem usar uma única vez a letra *a*.

É natural, portanto, diante de tanta riqueza, optarmos por palavras que demonstrem nossa intimidade com um vasto vocabulário. Acontece que, ao optarmos, nem sempre consideramos a riqueza vocabular do receptor.

É desejável, pois, que o emissor prefira as palavras de uso corrente, pois elas devem ser de domínio do receptor. As palavras menores (menos sílabas) têm emprego mais comum que as equivalentes maiores. Eis alguns exemplos:

Palavras de emprego menos comum	Palavras preferíveis	Palavras de emprego menos comum	Palavras preferíveis
anteriormente	antes	incipiente	inicial
aperfeiçoar	melhorar	ininterruptamente	continuamente
apoiamento	apoio	intempestivamente	repentinamente
capacidade	poder	mobilidade	movimento
compatibilizar	conciliar	modificação	mudança
descontinuar	parar	numerosos	muitos
dispender	gastar	parâmetro	norma
empregar	usar	polemizar	discutir
estruturalizar	organizar	realizar	fazer
evidenciar	mostrar	subsequente	seguinte
finalizar	concluir	transicional	passageiro
flutuação	variação	utilização	uso
fronteira	limite	visualizar	ver
imputabilidade	acusação		

Expressões gastas

A repetição de expressões quase seculares na correspondência causa a monotonia, diminuindo a força expressiva da mensagem. Citaremos

---

6. Raimundo de Menezes. *Dicionário literário brasileiro*. São Paulo, Saraiva, 1969, p. 1128.

algumas expressões gastas que, na medida do possível, devem ser abandonadas[7]:

- à guisa de
- com a chancela
- condição *sine qua non*
- estimada e delicada carta
- estimado pedido
- externar os protestos de elevada estima e alta consideração
- favorecer-nos com seu pedido
- favorecer-nos com sua aquiescência
- *ipso jacto*
- lamentável lapso de memória
- merecedor dos mais efusivos encômios
- mera coincidência
- *modus vivendi*
- num futuro próximo
- tem esta a finalidade de

Correção gramatical

Os programas de computador voltados para os textos têm os chamados *corretores automáticos*. À medida que se escreve, o corretor indica erros de ortografia, acentuação gráfica[8], concordância, regência. Dá até sugestão de conserto. É preciso, pois, que o emissor acesse o tutorial do programa para usá-lo convenientemente. É desejável também que tenha instalado pelo menos um dicionário para consultas imediatas.

Citamos algumas frases com incorreções variadas e, na sequência, a forma correta. Observe se o programa de texto de seu computador detecta os erros.

- *Infelismente*, não *pudermos* assistir *o* desfile de modas aí realizado.
  (Infelizmente, não pudemos assistir ao desfile de modas aí realizado.)

- Epifrásio Loureiro, residente *à* Rua W, 560, não veio *na* reunião de 15/8/08.
  (Epifrásio Loureiro, residente na Rua W, 560, não veio à reunião de 15/8/08.)

---

7. Ler: Décio Valente. *Do medíocre ao ridículo*, São Paulo, L. Oren, 1979.
8. O Acordo Ortográfico da Língua Portuguesa introduziu alterações nas regras de acentuação gráfica.

- O modelo *que mais gostamos*, foi o RT-350, feito *em* tecido liso, mas o *preço é caro*.
  (O modelo de que mais gostamos foi o RT-350, feito de tecido liso, mas o preço é elevado.)

- Tomamos conhecimento do fato *através a carta* do Sr. Hildebrando Gusmão das Neves.
  (Tomamos conhecimento do fato por meio da carta do Sr. Hildebrando Gusmão das Neves.)

- Reconheço que V. Sa. jamais *fizestes questã* de tais miudezas.
  (Reconheço que V. Sa. jamais fez questão[9] de tais miudezas.)

- De outra vez, ponha-nos *ao par* disso com *menas* demora.
  (De outra vez, ponha-nos a par disso com menos demora.)

- O assalto aconteceu quando *éramos em cinco* funcionários na sala de café, mas o que *poderia-se* fazer diante de bandidos armados?
  (O assalto aconteceu quando éramos cinco funcionários na sala de café, mas o que poderíamos fazer diante de bandidos armados?)

- Venha comemorar conosco as *bodas de prata da empresa* no dia *um* de junho.
  (Venha comemorar conosco o jubileu de prata da empresa no dia primeiro de junho.)

Registro definitivo

O trabalho do emissor, depois dos cuidados que recebeu desde a preparação até o aprimoramento da forma, deve ser digno agora do registro definitivo, impressão, assinatura e envio (por fax, *e-mail* ou correio).

---

9. A palavra é *questão* (não *questã*) e não tem o *u* pronunciado. Portanto, nem *cuestã* nem *cuestão*.

6. Aspectos de digitação

Os diversos documentos que terão suas normas de feitura aqui explicadas são digitados, valendo-se o digitador de algum programa de texto já instalado no computador. Embora já tenha intimidade com o programa, é importante que o digitador verifique os diversos dispositivos disponíveis a cada lançamento ou versão. É desejável, pois, a leitura do tutorial específico para descobrir as ferramentas que lhe facilitarão o trabalho.

Margens do papel

Todo documento será manuseado e arquivado e tem determinado tempo de vida útil. As margens do papel existem para evitar que o conteúdo seja prejudicado pelo desgaste natural, por grampos ou perfurações, além de contribuírem para a estética.

Recomenda-se que as margens sejam assim formatadas[1]:

Papel ofício A4 (21,0 cm × 29,7 cm)

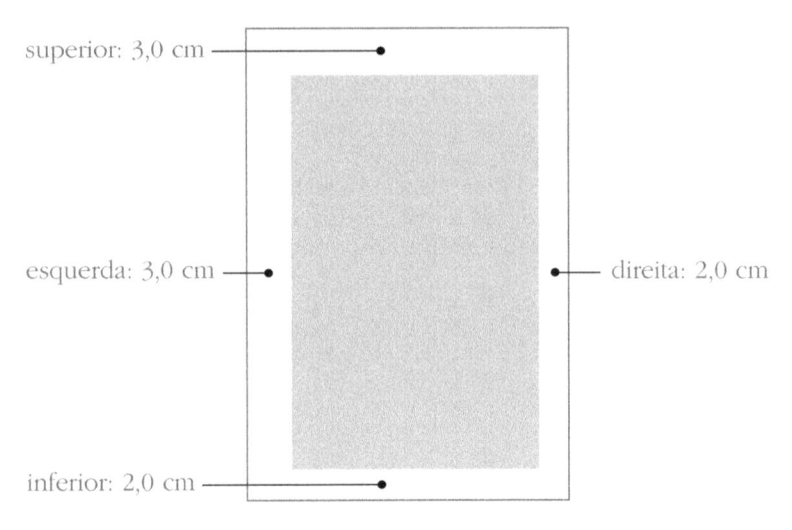

- superior: 3,0 cm
- esquerda: 3,0 cm
- direita: 2,0 cm
- inferior: 2,0 cm

---

1. São normas da ABNT para trabalhos acadêmicos, que convêm ser seguidas em outros documentos. Disponível em: http://www.abnt.org.br. Acesso: 1º ago. 2008.

Em se tratando de papel timbrado, a margem superior já foi estabelecida tipograficamente.

Alguns documentos podem ser digitados em papel A5 (*in-octavo*: 15 cm × 21 cm) na posição horizontal (paisagem) ou vertical (retrato), com margens nas mesmas medidas já recomendadas.

Papel A5 (*in-octavo*) horizontal com timbre

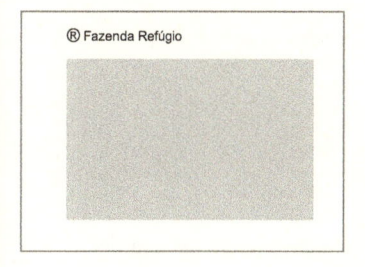

® Fazenda Refúgio

Fonte de impressão

Nos documentos oficiais e acadêmicos (dissertação, TCC, tese etc.) duas são as fontes recomendadas na impressão: Arial[2] (sem serifa) ou Times New Roman (com serifa). Nas cartas comerciais, a fonte pode ser diferente, desde que não cause dificuldade de leitura.

Disposição do texto

Alguns documentos, principalmente os oficiais e acadêmicos, têm disposição bastante rígida do texto no papel e exigem alinhamento vertical também na margem direita (texto justificado): requerimentos, ofícios, memorandos, editais, atestados, dissertações, TCCs, teses etc.

Outros documentos, principalmente cartas, permitem que o emissor use sua criatividade para obter maior impacto no receptor. Não raras vezes, empresas especializadas em *marketing* elaboram o texto e preveem sua disposição no papel. A disposição do texto no papel, qualquer que seja, deve ter como característica principal o equilíbrio: sem amontoados nem espaçamentos excessivos. Eis alguns exemplos:

---

2. Algumas Instruções Normativas mais recentes lembram que é preferível usar nos textos fonte sem serifa (Arial, por exemplo), por ser mais nítida para a leitura.

Residência-Hotel Sibipiruna

Avenida Beira Mar, 4 321
Conservatória – RJ
www.sibipiruna.com.br

Prezados amigos Régis e Daura,

Data muito importante para vocês é 9 de maio: aniversário de casamento. Neste Hotel, vocês passaram a lua de mel e cremos que a estada aqui tenha sido de inesquecível alegria.

E agora, para comemorar esse ano de felicidade, convidamos o casal para passar o aniversário aqui, pagando pelas diárias o **mesmo preço do ano passado**.

Queremos dar-lhes os parabéns pessoalmente e atendê-los com aquela dedicação que vocês merecem.

Confirmem hoje mesmo a sua vinda.

Ilde Mainar
Ildefonso Mainardes
Gerente

ZARDI MODAS

Rua Adoniran Barbosa, 339
Fone: (40) 3448-5546
www.zardimodas.com.br
75024-000 – Anápolis – GO

Todo fim de ano é aquela luta: renovar as roupas de toda a família. Queixas e mais queixas. Preços e juros elevados. Poucas opções. Este ano será diferente com Zardi Modas, a grande loja de confecções que é o orgulho de uma cidade exigente. Em Zardi Modas os preços, os juros e as opções agem a favor dos seus clientes. O Z de Zardi Modas vai ser o símbolo da ótima compra. Estamos no coração da cidade e queremos ser a loja do seu coração. Já o estamos esperando. Venha hoje mesmo.

HIPÓLITO JOALHEIRO

Avenida Freire Marcondes, 554
Telefones: (32) 4452-1991 – 9997-9797
www.hipojo.com.br
62000-000 – Diamantina – MG

Senhora Aniceta de Oliveira Costa,

Seu aniversário está próximo.
Venha escolher a joia de seu gosto.
Nós, sutilmente, faremos a sugestão de presente a seu marido.
O presente dele não será uma surpresa dessa vez, mas irá agradá-la.
E nós facilitamos o pagamento com desconto em até 10 vezes.
Avise-nos do melhor horário para que possamos atendê-la pontualmente.

Hipo Skoda
Hipólito, seu joalheiro de confiança.

São estas as principais disposições do texto no papel:

a) *parágrafos com entradas* (texto denteado): é a disposição mais conhecida e usada, na qual os parágrafos são iniciados com espaços lineares entre a margem esquerda e a primeira impressão. As entradas devem ser definidas por meio da ferramenta de tabulação e devem ser iguais em todos os parágrafos do mesmo documento. Nada impede que os parágrafos sejam separados por entrelinhas duplas.

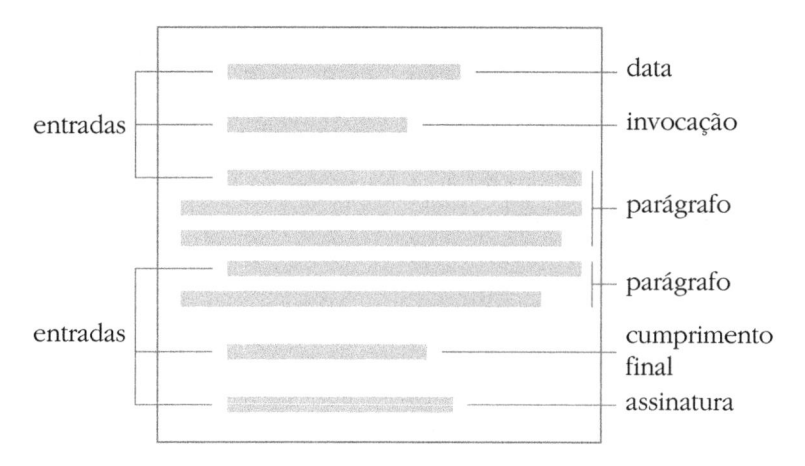

b) *bloco inteiro*: é a disposição em que todas as linhas (data, número, destinatário, ementa, referência, invocação, texto, fecho, assinatura) começam na margem esquerda. Como não há entradas, os parágrafos são marcados por entrelinha dupla.

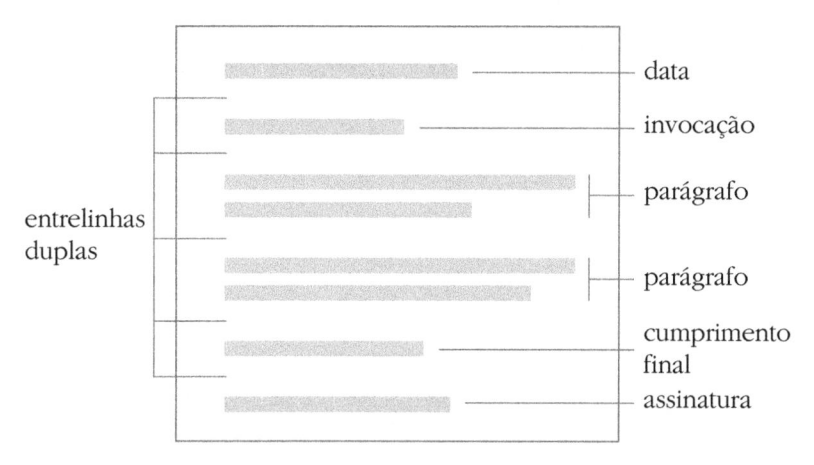

c) *bloco simples*: é a disposição em que data, invocação, cumprimento final e assinatura se colocam à direita do papel. As demais partes começam na margem esquerda, sem entradas, com os parágrafos marcados por entrelinha dupla.

d) *semibloco*: é a disposição em que data, invocação, cumprimento final e assinatura se colocam à margem direita do papel. As demais partes começam na margem esquerda, havendo, porém, entrada nos parágrafos (texto denteado). A existência de entrada não proíbe a entrelinha dupla.

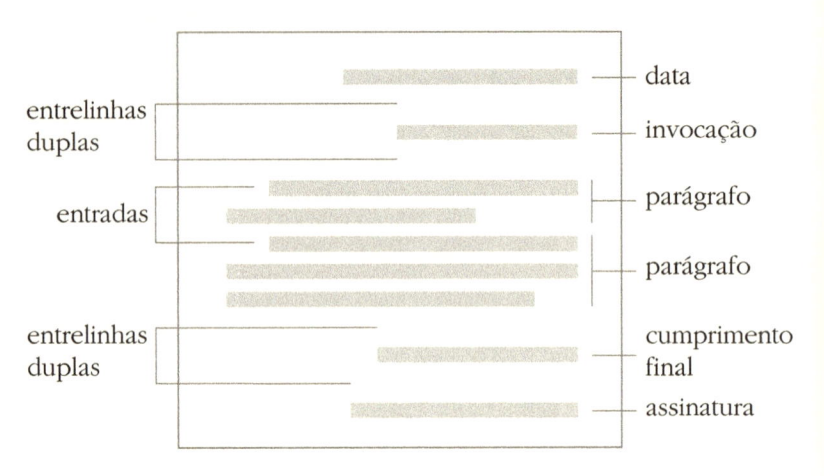

7. Escrita dos numerais

Vivemos atualmente a era dos números, já que os temos para tudo. O emissor, em vista disso, a cada instante vê-se diante de situações numéricas diversas. Por isso julgamos oportuna esta rápida orientação.

1. Na *escrita dos numerais*, separam-se as classes: deixa-se um espaço a cada três números, contados da direita para a esquerda. Exemplos:

145 897 683   854 903 700 452

48 757 663 842   91 000 457 099 523

Observação: Não se deixa espaço na separação dos números de:
- indicação do ano: 1964, 1981, 2010;
- Código de Endereçamento Postal (CEP): 86100-150, 94120-900, 01543-015;
- telefone: 283-6058, 32-1169, 9988-1312, 022-432-1293;
- placa de automóvel: AEA-4849, KBT-6222, ABU-6944;
- série de fabricação: TP116095, 45PS5311.

2. Havendo *fração*, usa-se vírgula entre ela e o número inteiro. Exemplos:

135,32   20,13   2 358,45   876 987 098,10

3. Nas *importâncias em dinheiro*, o valor numérico deve ser precedido do símbolo da moeda, havendo entre eles um espaço. Exemplos:

R$ 131,80   £ 100   € 480,30   ¥ 1 835,30   US$ 550,33

4. Nas *unidades de medida*, o numeral deve estar seguido de espaço e da abreviatura específica, mas não há ponto de abreviatura nem *s* de plural. Exemplos:
- Ela mora a 350 km daqui.
- Pesa 1 030 g 1 l de leite de vaca.
- Vende-se sítio de 25 ha com benfeitorias.
- Só o quarto tinha 40 m^2 com piso frio.
- Saíram do terreno 5 m^3 de entulho.
- Cano de 100 mm é melhor.
- Quero 150 g de presunto.
- Até 80 km/h não há multa aqui.

Observação: Se o numeral apresentar fração decimal, o símbolo aparecerá depois da fração[1]. Exemplos:
3,5 km   20,8 ha   5,8 m   2,4 m³   83,2 km/h   5,7 kg

5. Na *indicação numérica de hora*, inexiste espaço entre o numeral e o símbolo (h). Por ser medida, não há ponto nem *s* para o plural. Exemplos:
- Haverá reunião às 19h em ponto.
- Sempre às 6h já estou em pé.

6. Nos numerais que tenham *símbolos divisórios combinados*, deixa-se espaço entre o número e o símbolo seguinte. Exemplos:
- Agora são 18h 30min 15s.
- Esse ângulo tem 10° 5' 10".

7. Para o *dia inicial do mês* emprega-se o numeral ordinal. Exemplo:
- Por que o dia 1º de abril é o dia da mentira?

8. Devem ser escritos por extenso os *numerais de uma só palavra*. Exemplo:
- São dez pessoas no barco e vinte apoiadas em boias.

9. Os *valores acima de mil* devem ser expressos por números e palavras. Exemplo:
- Por infringir normas ambientais, a empresa foi multada em 3,5 milhões.

10. O *numeral que inicia frase* deve ser escrito por extenso. Exemplos:
- Cento e um anos viveu a atriz.
- Cinco ases na mão e ainda reclama?

11. Não há necessidade de escrever *um* com *h*.

12. Deve ser grafado e pronunciado *três* e *dez*, sendo inoportuno acrescentar *i* depois da letra *e*.

---

1. Essa observação não se aplica à indicação de horas, pois os minutos não são frações decimais de hora, nem os segundos o são de minutos. São incorretas estas abreviaturas:
20,00h.   20:00
8,00hs.   15:30h
17,30h   2:15 hs

13. É indiferente grafar *catorze* ou *quatorze*[2].

14. A forma extensa correta de *50* é *cinquenta*[3].

Numerais cardinais por extenso

Frequentemente, aparecem nos documentos os numerais cardinais (1, 2, 10, 500 etc.), que precisam ser escritos por extenso. Quando isso acontecer, lembre-se de que, sendo o numeral com mais de uma palavra, pode haver entre elas *e* e/ou *vírgula*, conforme estas regras:
1. Até 999, põe-se *e* entre cada palavra do numeral. Exemplo:
- Há quatrocentos *e* trinta *e* três alunos matriculados, mas vinte *e* cinco ainda não se apresentaram.

2. Acima de 999, põe-se *vírgula* depois de mil e das palavras terminadas em *-ão(ões)*, e *e* entre as outras palavras do numeral[4]. Exemplo:
- A folha de pagamentos já consumiu este ano R$ 1 254 789,35 (um milhão, duzentos *e* cinquenta *e* quatro mil, setecentos *e* oitenta *e* nove reais *e* trinta *e* cinco centavos).

Observações:
a) Se o numeral terminar por *dois zeros*, haverá *e* entre milhar e centena. Exemplo:
- Recebi de Adazila Nunes a quantia de R$ 2 100,00 (dois mil *e* cem reais).
b) Se depois de *mil* e das palavras terminadas em *-ão(ões)* houver *zero*, a *vírgula* será substituída por *e*. Exemplo:
- O síndico apresentou despesa de R$ 2 015,05 (dois mil *e* quinze reais e cinco centavos).

---

2. Têm a mesma pronúncia catorze e quatorze: *katorze*.
3. Pelo Acordo Ortográfico da Língua Portuguesa, não se usa trema a não ser em palavras estrangeiras que o tenham.
4. Havendo fração do numeral, põe-se *e* antes dela, e a fração passa a ser considerada novo numeral, para efeito de escrita por extenso.

8. Ata

Ata é o registro resumido, porém claro e fiel, dos fatos, ocorrências e decisões de uma assembleia, sessão ou reunião de pessoas para determinado fim já divulgado pelo *edital de convocação*. Para conter as atas da instituição, há um livro próprio com as páginas numeradas. A pessoa autorizada do órgão (presidente, diretor, secretário) confere a numeração das páginas, rubrica-as e faz, na primeira página, o *Termo de abertura*. Geralmente, o termo de abertura é feito à mão, mas pode ser feito mecanicamente em outro papel que, colado na folha, tem a assinatura passada desse papel para a folha do livro. Veja exemplo dos dois casos:

> *Termo de abertura*
> Este livro contém cem folhas numeradas e rubricadas por mim, Protógenes da Silveira, e se destina ao registro de atas das Assembleias-Gerais do Conselho Municipal de Cultura da cidade de Juazeiro do Norte.
> Juazeiro do Norte, 10 de abril de 2009.
>
> *Proda Silv*

TERMO DE ABERTURA

Este livro contém cem folhas numeradas e rubricadas por mim, Protógenes da Silveira, e se destina ao registro de atas das Assembleias-Gerais do Conselho Municipal de Cultura da cidade de Juazeiro do Norte.

Juazeiro do Norte, 10 de abril de 2009.

Proda Silv

Observação: Ao terminar o livro, faz-se o *termo de encerramento*, que também será datado e assinado por pessoa autorizada. Assim: *Eu, Protógenes da Silveira, declaro encerrado este livro de atas.*

Por tradição, a ata é escrita em linhas corridas, isto é, numa sequência sem espaços em branco, sem mudança de parágrafo, sendo todos os numerais escritos com algarismos também escritos por extenso e entre parênteses.

Compõe-se a ata das seguintes partes:

1. *Cabeçalho*. Título idêntico ao que se encontra no edital de convocação, dia, mês, ano.

2. *Abertura*. Dia, mês, ano, hora, local, nome da entidade, primeira ou segunda convocação.

3. *Legalidade*. Verificação do *quorum*[1] exigido para que a assembleia possa acontecer.

Observação: Não havendo *quorum*, a assembleia não pode ser realizada, mas a ata precisa ser lavrada para que o fato fique registrado. Em geral, os estatutos preveem segunda (e até terceira) convocação quando a assembleia terá legalidade com qualquer número de presentes[2].

4. *Relação nominal*. Faz-se em seguida a indicação nominal dos presentes ou a referência que os identifique. Em reuniões com muitos participantes, usa-se indicar apenas o número de presentes, conforme a lista de presença.

5. *Indicação do presidente e do secretário*. Faz-se a indicação do presidente (para conduzir a sessão) e do secretário (responsável pelo assessoramento do presidente e pela ata).

6. *Aprovação da ata anterior*. É muito comum acontecer de a ata da reunião anterior não ter sido lida e aprovada no ato. Se isso ocorreu, faz-se em seguida o registro de que foi lida, aprovada, emendada (citar as emendas) ou não aprovada.

---

1. *Quorum* é a quantidade mínima de membros que devem estar presentes, conforme os estatutos da entidade: *metade mais um*, *dois terços* etc.
2. O edital já deve prever data e hora para a primeira e a segunda convocações.

7. *Desenvolvimento.* Narram-se em seguida, por ordem cronológica, os assuntos tratados e as decisões. Em assuntos que exijam votação, a ata deve ter registrados os quesitos, a forma de votação e o resultado.

8. *Fecho.* Quando todos os acontecimentos foram registrados, o secretário declara ter lavrado a ata que, depois de lida e aprovada, será assinada por todos.

Notas sobre a ata:
a) Normalmente, o secretário escreve a ata à mão e caso cometa algum erro faz a ressalva.
   Ata do dia 20, digo, 21 (vinte e um) de abril...

b) Nada impede que a ata seja digitada em programa de texto. Neste caso, a folha impressa será colada no livro de modo que as rubricas de cada página ocupem parte da impressão e parte da folha do livro, o que pode garantir impossibilidade de substituição da folha.

c) Quando algum erro só é percebido após a lavratura, faz-se a ressalva no fim, escrevendo: *Em tempo*, acrescido da correção.
   Em tempo: Onde se lê Valdevino Sant'Anna, leia-se: Vlademir Sant'Anna.

d) A ata precisa, depois de aprovada e assinada, de registro no Cartório de Títulos e Documentos.

Ata da Assembleia-Geral Extraordinária do Condomínio Edifício Aspásia a 5 (cinco) de dezembro de dois mil e nove. Aos cinco dias de dezembro de dois mil e nove, no salão de festas do Edifício Aspásia, realizou-se, às vinte horas, em segunda convocação por falta de "quorum" na primeira a Assembleia-Geral Extraordinária convocada pelo Edital de 22 (vinte e dois) de novembro. Conforme a lista de presença, estiveram presentes os condôminos: Ana Lúcia de Freitas, Argemiro Trindade, Édison Lúcio
                                    (continua na p. 2)

(página 2 – continuação da ata de 5/12/09)
Ferreira Fava, Frigolente Nuno Jardim, Laudineia Prazeres do Amaral e Rosivaldo Botelho Pinto. Os condôminos elegeram Édison Lúcio Ferreira Fava para presidir a Assembleia e Rosivaldo Botelho Pinto para secretariar. O presidente deu boas-vindas a todos e leu o Edital, do qual consta a seguinte pauta: 1) Substituição do sistema de videovigia; 2) Chamada de capital para reforma da portaria; 3) Outros assuntos de interesse geral. Item 1: O presidente apresentou orçamento para troca do sistema de videovigia, informando que o atual sistema já não funciona a contento. Deu explicações sobre a funcionalidade do novo sistema e o custo. Como se trata de item de segurança de todos, os condôminos aprovaram a substituição por unanimidade. Item 2: O presidente apresentou também orçamento para reforma da portaria com o novo "layout" elogiado por todos. O orçamento foi aprovado, sendo para sua implantação feita uma chamada de capital de R$ 250,00 (duzentos e cinquenta reais) por unidade, a serem pagos até o dia 30 (trinta) deste mês. Item 3: A senhora Ana Lúcia de Freitas pediu que constasse em ata um voto de louvor ao Síndico, o condômino Frigolente Nuno Jardim, pelo empenho demonstrado pelas melhorias que tem feito no edifício. A proposta foi aprovada por todos, exceto o senhor Síndico, que declarou nada ter feito que não fosse de sua obrigação. Nada mais havendo a tratar, o presidente encerrou a Assembleia, agradecendo a presença de todos. E para constar, eu, Rosivaldo Botelho Pinto, lavrei a presente ata que será lida, discutida e, sendo aprovada, será assinada por mim, pelo presidente e por todos os presentes.

ELFFava	RoBoPinto
Presidente	Secretário
Ana Lúcia de Freitas	ATrindade. Nuno Jardim
Laudineia Prazeres do Amaral	

9. Atestado

Atestado é documento fornecido a pedido do interessado por uma ou mais pessoas que declaram ter conhecimento de fato ou de situação, podendo acolher informações de ordem pessoal. A partir de 1979[1], não mais são exigidos pelos órgãos e entidades da administração federal direta e indireta os atestados de: vida, residência, pobreza, dependência econômica, idoneidade moral, bons antecedentes.

O atestado é impresso em papel A4 (tamanho ofício), com entrelinhas e fonte à escolha do digitador, desde que haja estética.

Compõe-se das seguintes partes:

1. *Título*. No centro da primeira linha útil do papel, escreve-se a palavra *Atestado*[2].

2. *Texto*. Abaixo do título, inicia-se o texto, que contém:
 a) a identificação do(s) emissor(es): nome completo, documentação, local de residência;
 b) o verbo *atestar*;
 c) a finalidade do documento: apresentação, fins escolares, devidos fins etc.;
 d) a identificação do interessado: nome completo, documentação, local de residência;
 e) a indicação do que pode o emissor atestar do interessado.

3. *Localidade e data*. Após o texto, indicam-se a localidade e a data à direita ou à esquerda, conforme a disposição adotada pelo emissor.

4. *Assinatura*. Abaixo da localidade e data, o emissor assina (sem linha, traço ou fio).

Observação: No caso do atestado, só é necessário haver o nome completo se dois ou mais forem os emissores. Isso facilita a identificação da assinatura (nem sempre legível).

---

1. Decreto nº 83.936, de 6 de setembro de 1979, artigos 1º e 2º.
2. De modo geral, não se usa papel timbrado nos atestados por se tratar de informação subjetiva, sem comprovação documental.

ATESTADO

Eu, Eufemíades Rigoletto Sant'Anna, brasileiro, casado, RG 1 478 982 (BA), residente e domiciliado na Rua das Camélias, 46, ATESTO para os devidos fins que conheço há mais de cinco anos a Sra. FILOMENA TORMENTA DE ARAÚJO, brasileira, solteira, professora, RG 974 795 (SE), residente na Rua Lauro Bockó de Oliveira, nada sabendo que possa desabonar sua conduta.

São Gonçalo do Abaeté, 13 de agosto de 2009.

ERSant'Anna

ATESTADO

Os abaixo assinados atestam para fins de apresentação que DURVALINA ESCOLÁSTICA DAS DORES, brasileira, casada, RG 1 798 456 (PI), residente no Bairro Operário, casa 6 da quadra 7, é pessoa de ilibada honestidade, nada sabendo que a possa comprometer.

Manaus, 30 de junho de 2009.

alan
Abinoan Lupércio de Andrade
RG 1 653 788 (AM)

ClaS. Noronha
Clarisvaldo Sperandio de Noronha
RG 985 978-6 (PA)

10. Aviso

Aviso é documento escrito por meio do qual as empresas e instituições transmitem informações, ordens, convites ou notificações a empregados ou a terceiros com quem tenham relações. Nos órgãos públicos e nas empresas, usa-se para o aviso papel timbrado sem que haja determinação do tamanho. O conteúdo deve ser sucinto, correto e com clareza necessária para o bom entendimento da mensagem.

De estrutura bem simples, o aviso compõe-se de:

1. *Título*. A palavra *Aviso* (com letras maiúsculas) na primeira linha útil, podendo estar seguido de número.

2. *Receptor*. Abaixo do título, no centro, ainda com letras maiúsculas, escreve-se o cargo ou função do receptor, precedido ou não de *ao(s)*.

3. *Texto*. Abaixo do receptor, com o alinhamento escolhido (bloco, semibloco, denteado), imprime-se o texto com todos os pormenores necessários.

4. *Cumprimento final* (dispensável). Como em todos os documentos, apenas *respeitosamente* ou *atenciosamente*, seguido de vírgula.

5. *Local e data*. Nome da localidade e a data, que pode ser abreviada.

6. *Assinatura*. Abaixo, escrevem-se o nome do emissor (só iniciais maiúsculas) e sob ele o cargo com todas as letras maiúsculas. A assinatura fica aposta ao nome sem linha (traço ou fio).

7. *Identificação*. Na última linha útil, indicam-se as iniciais de quem redigiu e de quem digitou o aviso.

Enquadram-se neste capítulo os avisos de: licitação ou concorrência pública, tomada de preços, aviso prévio de dispensa e o aviso prévio de férias, que podem ser expedidos também em forma de ofício ou de carta.

CONDOMÍNIO EDIFÍCIO ALMADA

AVISO Nº 8/09

AOS SENHORES CONDÔMINOS

O Conselho Consultivo do Condomínio Edifício Almada, através de seu Presidente, avisa aos condôminos que ficará interditada a entrada ou saída de veículos na garagem, das 8 às 18h, nesta sexta-feira, 29 de agosto, para pintura do piso.

Kaloré, 24/8/09.

Danilo José Silvestri
Danilo José Silvestri
PRESIDENTE DO CONSELHO

/rmf

FEEM
FUNDAÇÃO EDUCACIONAL EMÍLIO DE MENESES

AVISO DE LICITAÇÃO

A Comissão de Licitação e Compras da FUNDAÇÃO EDUCACIONAL EMÍLIO DE MENESES informa, para fins do artigo 21, § 1º, da Lei Federal nº 8.666/93 e suas alterações, que realizará licitação para obter MENOR PREÇO na aquisição de 500 (quinhentas) resmas de papel A4 branco de 90 g (noventa gramas). As propostas poderão ser encaminhadas a esta Comissão (Rua Emiliano Perneta, 1 354, Curitiba – PR) até as 18h (dezoito horas) do dia 10 (dez) de setembro de 2009 (dois mil e nove).

Curitiba (PR), 10 de agosto de 2009.

Nircélio Rangel Pestana
Nircélio Rangel Pestana
PRESIDENTE DA COMISSÃO
DE LICITAÇÃO E COMPRAS

nrp/jkm

AVISO PRÉVIO DE FÉRIAS DE
JOSÉLIA PIMENTA PRAZERES

Comunico que suas férias referentes ao período de 5 (cinco) de setembro de 2008 a 4 (quatro) de setembro de 2009 poderão ser gozadas, conforme sua solicitação, no período de 1º (primeiro) a 30 (trinta) de novembro de 2009, devendo retornar ao trabalho a 1º (primeiro) de dezembro de 2009.

Águas de São Pedro, 20 de outubro de 2009.

ECAbilhoa
Ernestina Constâncio Abilhoa

Ciente: *Josélia Pimenta Prazeres*

11. Bilhete

Bilhete é meio simples e breve de transmitir mensagens a pessoas da intimidade. É comum o emissor deixar o bilhete em algum lugar onde sabe que o receptor o encontrará. Pode também ser encaminhado em mãos, e quem o transporta (portador) age por obrigação ou por obséquio. No bilhete, tanto o emissor quanto o receptor se identificam pelo nome civil como são conhecidos. Em função do cunho íntimo, é desejável que o bilhete seja manuscrito pelo emissor.

Não existe predeterminação do tamanho do papel a ser usado. Não há obrigatoriedade da existência ou não da pauta. Entretanto, deve-se cuidar da estética:

   a) usar papel de boa qualidade em formato retangular ou quadrado (sem sinais de que foi rasgado descuidadamente ou arrancado de cadernos espirais);
   b) manter margens de segurança nas quatro bordas;
   c) distribuir o conteúdo harmonicamente: sem amontoados ou dispersão;
   d) evitar borrões e rasuras;
   e) fazer letra facilmente legível.

Constitui-se o bilhete das seguintes partes:

1. *Invocação*. É feita sem nenhum tratamento especial com o nome pelo qual o receptor é conhecido.

2. *Texto*. O texto inicia-se em nova linha e contém todos os elementos necessários à compreensão integral da mensagem.

3. *Fecho*. O fecho do bilhete contém apenas o nome do emissor (não a assinatura). É sempre desejável que haja indicação da data.

A seguir estão exemplos de recados deixados sobre a mesa de trabalho:

> 7/7/09 – 11h15
>
> Dr. Moreira,
>
> É favor assinar estes papéis ainda hoje, pois preciso encaminhá-los.
>
> Sônia

> D. Sônia,
>
> Quando chegar do almoço, pode enviar os papéis. Já assinei.
> Hoje, não voltarei à tarde. Tenho audiência.
>
> Moreira
>
> 7/7/09 – 12h45

Reproduzimos, como exemplo, este bilhete de Jânio da Silva Quadros[1], Presidente da República em 1961. Jânio usava bilhetes com frequência e para os mais variados assuntos.

---

1. Disponível em: http://www.emilioibrahim.eng.br/dep_janioquadros.shtml. Acesso em: 20 ago. 2008.

12-4-81

Ao dr. Emílio Ibrahim

O nosso José Aparecido, seu colega no Arquidiocesano de Ouro Preto, deu-me oportunidade de ler um seu artigo sobre a Baixada Fluminense. Que achado: tirá-la da crônica policial e inscrevê-la no noticiário econômico e político-social. É obra social e singular. Quinhentos quilômetros de civilização! Quero conhecê-lo!

Do admirador,
Jânio Quadros

Aqui, um bilhete de Monteiro Lobato[2] para o escritor Lima Barreto:

```
Lima,

    Está escrito no livro do destino que não nos veremos
nunca. Espero, porém, que os fados afrouxarão suas leis
férreas, e um belo dia, quando menos esperarmos,

    — Ó Lima!

    — Ó Lobato!

e ferraremos esse abraço encruado.
```

---

2. Disponível em: htpp://ciencialit.letras.ufrj.br/garrafa8/al-antonellacatinari.htlm. Acesso em: 20 ago. 2008.

12. Carta comercial

Segundo os historiadores, a carta como meio de substituir contatos pessoais existe desde o século IV a.C. Outros meios apareceram desde então com a mesma finalidade, mas a carta manteve-se como opção importante.

Por ser documento antigo, com o passar do tempo adquiriu inúmeras funções que não vamos citar aqui[1]. Interessa-nos tão somente a *carta comercial*: documento escrito trocado por empresas (comerciais e/ou industriais) entre si, com seus clientes e vice-versa, visando a *iniciar*, *manter* ou *encerrar* transações.

No capítulo *Técnica de redação*, preocupamo-nos mais com a carta comercial, pois entendemos que ela precisa ser eficiente para atingir o objetivo proposto, beneficiando o emissor, podendo ser um bom agente publicitário ao impor a imagem da empresa.

Assim, é indispensável que o emissor tenha seguro conhecimento da técnica de redação e procure enquadrar-se nestas características:

a) demonstrar no que faz que gosta da empresa como se fosse sua;
b) pensar e agir de acordo com o pensamento e as ações características da empresa;
c) mostrar-se cordial, mesmo quando for difícil;
d) acreditar que suas declarações serão entendidas como posições da empresa;
e) dar solução rápida às solicitações para demonstrar que a empresa é eficiente;
f) ter sempre em mente que o que foi escrito é documento e, portanto, expõe a imagem da empresa inteira;
g) entusiasmar-se pelo trabalho que faz, assim como um artista que procura criar sua obra-prima;
h) ter abertura suficiente para acreditar que, em princípio, os pontos de vista dos outros estão certos;
i) ter a grandeza de analisar as opiniões contrárias às suas e declará-las certas quando o forem;
j) redigir para comunicar, não para impressionar;
k) usar a criatividade para conseguir fórmulas de comunicação ao mesmo tempo simples e eficientes.

---

1. Como curiosidade, consultar no dicionário o verbete *carta* para ter ideia das suas funções e denominações.

A carta comercial pode ser escrita em papel A4 (tamanho ofício), A5 (*in-octavo*) ou no tamanho que a empresa houve por bem adotar. Pode ser digitada com espaço 1 ou 1,5, conforme a extensão do texto e do papel.

Compõe-se a carta comercial das seguintes partes:

1. *Timbre*. O timbre foi criado por empresa especializada e, assim, já atende à necessidade estética.

CASA DO FIO
Takushi Marimatsu & Irmãos
Materiais elétricos em geral
Avenida Hiroshima, 488
Telefone/Fax: 0(xx)45 3421.4489
www.marimatsu.com.br
86220-050 – Assaí – PR

Molas Cerqueira
Indústria e Comércio
Inscrição Estadual 789 645 – CNPJ 12 533 659/0001-25
Rodovia 566, km 58
Tele(fax): 0(xx)23-4466-2530
www.cerqueira.com.br
18100-032 – Sorocaba – SP

LUSTRES LUX S.A.
Comércio de lustres e similares
Inscrição Estadual 132 978
CNPJ 65 978 654/0001-56
Rua Serra da Mantiqueira, 852
Telefone /fax: 0(- -)44-3326-8765
www.lustressa.com.br
36100-115 – Juiz de Fora – MG

2. *Índice e número*. Abaixo do timbre, no alinhamento adotado (bloco simples, semibloco, denteado), indicam-se o índice (nome ou iniciais do setor) e o número de ordem, que pode estar acrescido dos dois últimos algarismos do ano.

3. *Localidade e data*. Na mesma linha do índice e número, porém à direita (disposição em bloco simples e semibloco), escrevem-se o nome da localidade do emissor e a data completa.

Observação: Na disposição em bloco inteiro, a data fica à esquerda, abaixo do índice e número.

4. *Referência* ou *Ementa*[2]. Em seguida, com espaçamento de estética, escreve-se *Referência* (ou *Ementa*), seguida do assunto da correspondência: Pedido de informações. – Mudança de razão social.

Observações:
a) Pode ser dispensada a Referência (ou Ementa) como estratégia para despertar interesse.
b) Algumas empresas ainda orientam seus redatores de cartas comerciais a acrescentarem, após a referência, o endereço completo do destinatário. Essa prática prevalece apenas no caso de não ser usado envelope ou ser usado envelope com janela. Fora isso, é uma prática dispensável.

5. *Invocação*. Abaixo da referência, faz-se a invocação, seguida de vírgula[3]. Deve ser simples e direta: Senhor, Prezado Senhor, Senhora(s), Prezado(s) Senhor(es).

Observação: A carta será mais simpática se for usada uma invocação personalizada, em tom íntimo: Prezada Senhora Cristina, Senhor Benedito.

6. *Texto*. O texto pode conter:
a) *exposição*, redigida de forma a atingir o objetivo;
b) *apelo*, quando for necessário sensibilizar o receptor e predispô-lo a agir conforme os desejos do emissor;
c) *impulso*, como forma de transformar a predisposição em ação.

---

2. Dá-se o nome de *ementa* à frase que resume o assunto a ser tratado.
3. Põe-se vírgula por ser *vocativo*.

7. *Cumprimento final.* É novo parágrafo e deve ser breve[4]: Respeitosamente, Atenciosamente, Saudações, Agradecidos.

8. *Assinatura.* Na sequência, vêm o nome civil do emissor (com todas as letras maiúsculas) e logo abaixo o cargo que ocupa na organização. A assinatura fica aposta ao nome, sem que haja linha (traço ou fio) para ela.

9. *Anexos.* Caso existam outros papéis que acompanhem a carta, escrevem-se à esquerda e logo abaixo da assinatura a palavra *Anexo* e a discriminação do que acompanha[5].

10. *Iniciais.* Na última linha útil do papel e à esquerda escrevem-se as iniciais do redator e do digitador, separadas por uma barra oblíqua. Caso o redator e o digitador sejam a mesma pessoa, basta indicar após a barra suas iniciais.

Como são inúmeros os objetivos da comunicação, inúmeras são também as aplicações da carta comercial. Na impossibilidade de exemplificação ampla, apresentaremos em seguida exemplos de variados assuntos, usando as três disposições de que tratamos (bloco inteiro, bloco simples, semibloco, denteado). Cabe ao digitador adequar-se à forma que a empresa adotou. São *pontos de partida* para a criação de cartas mais eficientes. Alguns exemplos têm assunto epigrafado (referência ou ementa). Outros, têm-no omitido.

As *cartas de cobrança* terão tratamento separado neste livro.

---

4. O advérbio usado como cumprimento final vem seguido de vírgula por estar subentendida a expressão *subscreve-se*.

5. A palavra *anexo* concorda em *gênero* e *número* com o substantivo a que se refere (*anexo, anexa, anexos, anexas*).

INDÚSTRIAS POLIUK S.A.
CNPJ 45 332 499/0001-22
Rua Pintassilgo, 4 375
Telefone/Fax: 0(xx)46-3357-6612
www.poliuksa.com.br
86200-115 – Cornélio Procópio – PR

DC-104

Cornélio Procópio, 17 de setembro de 2009.

Senhor Arquelau Biasone Tristão,

Você é muito ocupado, mas cremos que encontrará tempo para ouvir algo importante.

O Sr. Juvenyl da Costa Santos, nosso representante nessa cidade, tem algo importante para dizer-lhe. Entretanto, teme procurá-lo em hora inoportuna.

O Sr. Juvenyl da Costa Santos tem autonomia para expor fórmulas de mercado que só revelamos a clientes especiais. Dando-lhe atenção, você estará fazendo um investimento lucrativo.

Marque agora mesmo pelo telefone 9987-4412 o horário conveniente para recebê-lo.

Atenciosamente,

RigoDoMa
Rigoberto Donoso Maggioni
DIRETOR COMERCIAL

ELETRO GOIANENSE

CNPJ 40 355 456/0001-10
Avenida Sertanejos, 2 348
Telefone: 0(xx)52-3346-2211
www.goianense.com.br
76900-000 – Morrinhos – GO

33/09   Morrinhos, 1º de junho de 2010.

Ref.: Mudança de meio de transporte.

Senhor Edevildo Macedo Cançado,

Comunicamos que o material elétrico solicitado a 25 de maio está disponível e embalado para transporte. Entretanto, por exceder o peso e volume de praxe, a mercadoria não poderá seguir por ônibus, conforme suas instruções. Assim, faremos a remessa pelo Rápido Goitacás, empresa de nossa inteira confiança.

Atenciosamente,

PZenóbioS
Policarpo Zenóbio de Sousa
GERENTE

pzs/amk

VT
VesteTodos
A LOJA QUE VOCÊ QUERIA

CNPJ 53 477 854/0001-20
Rua Zélia Gattai, 852
Fone: 0(- -)56-4321-1234
www.idcavalin.com.br
37270-020 – Campo Belo – MG

Nº 22
Campo Belo, 10 de outubro de 2009.

Ref.: Inauguração.

Senhor Evilásio Galdino Duarte – PREFEITO MUNICIPAL DE CAMPO BELO,

Inauguraremos o novo prédio da LOJA VESTETODOS, na Rua Dorival Caymmi, 675, dia 18 de outubro, às 17h.

Atingimos agora mais um de nossos inúmeros objetivos e temos imenso prazer em compartilhar esta alegria com nosso Prefeito Municipal.

Pedimos licença para sugerir a anotação dessa data e horário em sua agenda para não esquecê-los.

Respeitosamente,

Alcebíades M. Strini
Alcebíades Mangano Strini
PROPRIETÁRIO

/ams

TOSHIIRO NAKAYAMA
Escritório de Representações
Praça Líbero Badaró, 802 – salas 502/03
Telefone: 0(- -)11-5512-4643
www.nakayama.com.br   e-mail: tonaka@yahoo.com.br
17500-022 – Marília – SP

408/93 Marília, 24 de junho de 2009.

Ref.: Solicita representação.

Prezado(s) Senhor(es),

Na certeza de que é de conveniência de Vossa(s) Senhoria(s) manter representante da linha de produtos dessa Indústria na região de Marília, vimos pela presente solicitar para nós a preferência dessa representação.

Estamos estabelecidos há oito anos nesta cidade e dispomos de largo círculo de relações comerciais em toda a região. Julgamo-nos, portanto, habilitados a multiplicar o faturamento dessa Indústria, conquistando clientes de ilibada reputação comercial.

Todas as informações a respeito de nossas atividades podem ser colhidas nos estabelecimentos desta região.

Respeitosamente,

Toshiiro Nakayama
Toshiiro Nakayama

Anexos: *Curriculum Vitae*.
Relação de firmas para consulta.

/TN

O REI DAS CALÇAS
Chagas Hideria Ltda.
Inscrição Estadual 75 002 132 CNPJ 44 356 564/0001-05
Avenida Piauí, 897 Caixa Postal 1 238
www.chagashideria.com.br
25000-001 – Duque de Caxias – RJ

102/09   Duque de Caxias, 4 de maio de 2009.

                                    Ref.: Remessa incompleta.

Senhor Diretor,

Ao conferir a encomenda que fiz a essa Indústria a 22 de abril (cópia do pedido anexa), notei que houve erro na remessa.

As mercadorias de código BA – 85 e BA – 92, tamanhos 42 e 44, respectivamente, constam da NF 12 343, mas não foram embaladas.

Solicito de Vossa Senhoria a fineza de completar a remessa com a máxima brevidade, pois são artigos de muita saída em nossa loja.

Atenciosamente,

Ferdinando Chagas Hideria
Ferdinando Chagas Hideria
PROPRIETÁRIO

Anexos: Xérox de pedido (22/4).
         Xérox NF 12 343.

FCH/ICH

Indústria do Vestuário

CNPJ 55 798 413/0001-50
Rua Adolf Schumann, 927
Telefone/Fax: 0(xx)21-6545-3212
www.vestuariosc.com.br
89200-052 – Joinville – SC

GV518

Joinville, 7 de maio de 2009.

Senhor Ferdinando Chagas Hideria,

Tem toda a razão: erramos ao aviar seu pedido nº 677 e pedimos desculpas. Já providenciamos a substituição dos artigos alheios aos seus interesses. Esperamos que, por sua bondade, sejamos perdoados desse deslize. Prometemos tudo fazer para evitar outro erro.

Nossa penitência são os preços e condições de pagamento que lhe oferecemos nos lançamentos para o verão. Consulte a relação anexa e demonstre que estamos perdoados enviando hoje mesmo seu novo pedido.

Respeitosamente,

G Fitzgerald
Gurrte Fitzgerald
GERENTE DE VENDAS

gf/hsm

Molas Cerqueira

Indústria e Comércio
Inscrição Estadual 789 645 – CNPJ 12 533 659/0001-25
Rodovia 566, km 58
Tele(fax): 0(xx)23-4466-2530
www.cerqueira.com.br
18100-032 – Sorocaba – SP

SC-101/09   Sorocaba, 30 de junho de 2009.

Ementa: Pedido de informações.

Senhor Diretor,

Recebemos nesta data proposta de transação comercial da firma GIMENES SANCHES LTDA., instalada na Rua Anunciato Marcidelli, 580, em Ribeirão Preto (SP). A proposta promete envolver grande soma de dinheiro, fato que nos obriga a agir com prudência.

Em vista disso, vimos à presença de Vossa Senhoria para solicitar informações seguras sobre a referida firma, a fim de podermos tomar a decisão acertada.

Esclarecemos que as informações serão mantidas em sigilo sob qualquer hipótese.

Atenciosamente,

HipólitoNDias
Hipólito Nepomuceno Dias
CHEFE DE CADASTRO

AEA/AIG

MAZZOLINI MOLAS S.A.
Indústria e Comércio
Inscrição Estadual 45 237 – CNPJ 22 354 500/0001-14
Avenida Mário Covas, 4 358
Telefone(fax): 0(- -)11-3344-5016
www.mazzolini.com.br
01000-045 – São Paulo – SP

DJ312/09 São Paulo, 3 de julho de 2009.

Ref.: Fornecimento de informações sigilosas.

Senhor Hipólito Nepomuceno Dias – Chefe de Cadastro,

Atendendo ao pedido de informações da firma GIMENES SANCHES LTDA., de Ribeirão Preto (SP), informamos, conforme nossos arquivos, o seguinte:
a) Recebemos da referida firma apenas cinco pedidos, todos de valores relativamente altos.
b) As duplicatas referentes aos três primeiros pedidos foram pagas pontualmente.
c) A quarta duplicata sofreu atraso de pagamento de sessenta dias e só foi quitada após a ameaça de protesto.
d) A quinta e última duplicata foi encaminhada a protesto, não tendo sido quitada até o momento.

Em vista disso, decidimos sustar quaisquer outras negociações com a firma, o que talvez explique o desejo de iniciar transações com indústria congênere.

Atenciosamente,

AMSpínola
Alcebíades Maximiliano Spínola
DEPARTAMENTO JURÍDICO

AMS/AV

Laboratório Smart Ltda.

Inscrição Anvisa 5 887-2/CNPJ 44 365 855/0001-23
Rua Demerval Baptista de Lorena, 3 512
Telefone: 0(--)11 6653-4799
www.chagashideria.com.br
13165-110 – Campinas – SP

DJ-45/09

Campinas, 5 de agosto de 2009.

Ref.: Fornecimento de informação.

Prezado(s) Senhor(es),

Com respeito ao pedido de Vossa(s) Senhoria(s), datado de 28 de julho, temos a informar com relação à DROGARIA MODERNA LTDA., estabelecida na Rua Firmino Pinto, 5-33, Bauru (SP):

1. Mantemos transações comerciais com a referida firma há oito anos.

2. Em todo esse tempo, nunca tivemos necessidade de enviar-lhe carta de cobrança, já que as faturas foram sempre saldadas nos prazos previstos.

3. Percebemos pelo exame de nossos arquivos que a firma está progredindo, uma vez que os pedidos têm sofrido aumentos razoáveis nos três últimos anos.

Em vista disso, não temos receio de fornecer nosso aval a tão digno cliente.

Atenciosamente,

Djanir D Gerhardt
Djanir Daut Gerhardt
DEPARTAMENTO JURÍDICO

AMP/ISO

INDÚSTRIA SOMETAIS S.A.

Inscrição Estadual: 432 213-9 – CNPJ 46 985 796/0001-23
Avenida Annita Garibaldi, 358
Fone/fax: 0(xx)32-4432-1212
www.sometais.com.br
90000-020 – Porto Alegre – RS

DC: 123   Porto Alegre, 25 de outubro de 2009.

Prezado Senhor,

Durante os três últimos anos sua empresa se destacou em nossa relação de clientes. Notamos agora sua ausência que muito nos entristeceu, pois tê-la como cliente sempre foi para nós motivo de orgulho.

Queremos ver essa empresa de volta. Para isso, oferecemos condições de pagamento que raramente concedemos. Assim, cremos assegurar-lhe bons lucros e ter seu lugar novamente ocupado entre os clientes assíduos.

Dê-nos novo contentamento, encaminhando agora mesmo a relação dos produtos que faltam em seu estoque.

Atenciosamente,

Jurandir de Moura Bulhões
Jurandir de Moura Bulhões
GERENTE DE CADASTRO

Anexo: catálogo.

ads/jku

PÉ DE OURO CALÇADOS

Calçados para homens, mulheres e crianças
Inscrição Estadual: 497 332-04 – CNPJ 23 465798/0001-66
Rua Carlos Drummond de Andrade, 920
Telefone: 0(- -)64-3359-4346
www.pedeouro.com.br
38400-100 – Uberlândia – MG

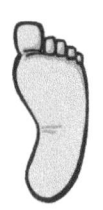

113/09 Uberlândia, 15 de abril de 2009.

Ref.: Ausência de representante.

Prezados Senhores,

Somos testemunhas da aceitação dos calçados MORTELLI de sua fabricação, graças não só à qualidade como também ao preço.

Cumpre-nos informar, entretanto, que há três meses não recebemos visita de seu representante. Esse fato, a nosso ver estranho, impele-nos a adquirir produtos de outros fabricantes.

Solicitamos, pois, que nos informem os motivos de tão prolongada ausência.

Atenciosamente,

Odorico Macambira
Odorico Macambira

/OM

malharia liebstraum

Confecções masculinas, femininas e infantis
Inscrição Estadual: 342 561 – CNPJ: 47 989 674/0001-33
Rua Schultz Querm, 678
Telefone: 0(- -)54-4132-6906
www.liebstraum.com.br
89100-020 – Blumenau – SC

SRH-153   Blumenau, 15 de julho de 2009.

Ementa: Substituição de representante.

Prezados Senhores,

Comunicamos pela presente a Vossas Senhorias que o Senhor **Agripino Monteiro** deixou nesta data a função de **representante** desta empresa. Em consequência, cessam os poderes que lhe outorgamos para efetuar transações em nosso nome.

Por outro lado, temos a satisfação de comunicar que, a partir desta data, os contatos comerciais desta empresa nessa praça serão mantidos pelo Senhor **Epaminondas Carletto de Azevedo**, que em breve lhes fará uma visita.

Solicitamos a fineza de recebê-lo com a atenção que sempre dedicaram a seu antecessor.

Respeitosamente,

FredWil
Frederico Wiltenburg
SEÇÃO DE RECURSOS HUMANOS

ask/rxt

Vorcetti Móveis

Indústria e Comércio
CNPJ 65 341 655/0001-44
Telefones: 0(xx)45-3442-4323 0(xx)45-3442-1324
Rodovia BR 277, km 12
www.vorcetti.com.br
80000-060 – Curitiba – PR

DC-112   Curitiba, 10 de junho de 2009.

Prezado senhor Marcelo Skora Polanski,

Você sabe tanto quanto nós que uma empresa tem clientes:
1. pontuais em seus pagamentos;
2. que pagam todas as contas, mas muitas vezes com atraso;
3. que só pagam diante de providências jurídicas.

Fizemos recentemente uma análise de nossos clientes, e os resultados deixaram-nos exultantes.

Essa análise demonstrou que em cinco anos de transações comerciais conosco você foi sempre pontual.

Nada mais justo, portanto, que cumprimentá-lo por isso e agradecer-lhe a preferência que sempre nos deu.

Atenciosamente,

ZenoJO
Zeno José Otto
DIRETOR DE CRÉDITO

ZJO/MLU

Joias da Rainha

Cortez Parella & Cia. Ltda.
CNPJ 46 352 456/0001-78
Rua da Inconfidência, 549
Telefone/fax: 0(- -)56-3442-5643
www.joiasdarainha.com.br
30000-016 – Belo Horizonte – MG

JR-46   Belo Horizonte, 16 de outubro de 2009.

Senhor Paulo Henrique Caxambu,

Em dez anos de casado, sempre me preocupei em dar à minha esposa presentes que a deixassem feliz. Acertei todas as vezes e ouvi dela sempre a mesma frase: Como você descobriu qual era o presente que eu desejava? Há meses, venho imaginando um modo de dar a ela um presente que, além de fazê-la feliz, seja inteiramente inesperado. Confesso que foi trabalhoso descobrir a fórmula de que eu precisava. Ontem foi aniversário de minha esposa. Usei a fórmula e consegui alegrá-la e surpreendê-la. Estou contando isso porque sua esposa fará aniversário dia 20. Conhecendo a importância que você dá a esse acontecimento, presumi que minha fórmula poderá lhe ser útil nessa ocasião. Mesmo que você tenha já a sua fórmula, gostaria de, pessoalmente, expor-lhe a minha e ouvir sua opinião a respeito. Telefone-me ainda hoje, marcando o horário de sua conveniência para conversarmos sobre o assunto.

Ramón C. Parella
Ramón Cortez Parella
GERENTE PROMOCIONAL

LUSTRES LUX S.A.
Comércio de lustres e similares
Inscrição Estadual 132 978
CNPJ 65 978 654/0001-56
Rua Serra da Mantiqueira, 852
Telefone /fax: 0(- -)44-3326-8765
www.lustressa.com.br
36100-115 – Juiz de Fora – MG

CC-110   Juiz de Fora, 2 de setembro de 2009.

Ementa: Cheque extraviado.

Senhor Gerente,

Comunicamos a Vossa Senhoria que se extraviou o cheque de série HJKFO, número 00532, de nossa emissão contra o Banco Solidez S/A, agência 078, e a favor de BERNARDES VÍTOR CAPUCCINO, no valor de R$ 2 352,15 (dois mil, trezentos e cinquenta e dois reais e quinze centavos).

Solicitamos providências para considerá-lo nulo, uma vez que já o substituímos pelo cheque HJWLC, número 00754, de igual valor.

Respeitosamente,

Osmário Benitz de Carvalho
Osmário Benitz de Carvalho
CHEFE DE CONTABILIDADE

/OBC

Ferragens Júpiter
Indústria e Comércio de Ferramentas
CNPJ 65 956 643/0001-45
Avenida das Indústrias, 3 502
Telefone/fax: 0(- -)65-4422-6312
www.jupiterfer.com.br
12100-025 – Taubaté – SP

DRP-741   Taubaté, 13 de agosto de 2010.

Ementa: Boas-vindas.

Senhor Itaici Calheiros,

Há quem tenha reservas pelo dia de hoje, principalmente por ser uma sexta-feira. Para nós, este 13 de agosto poderia ser uma data como outra qualquer. Mas não é. Hoje estamos mais felizes porque o recebemos em nossa empresa no seu primeiro dia de trabalho.

Não lhe demos uma sala individual com seu nome na porta. Apenas lhe demos uma função: difícil, cansativa como a de todos.

Agora, queremos dar-lhe nosso incentivo para que exerça sua função com vontade de ser o melhor entre os melhores.

Esperamos que, assim como para nós, esta sexta-feira, 13 de agosto, seja também para você uma data feliz.

Atenciosamente,

Otal. Baldroegas
Otacílio Laguna Baldroegas
CHEFE DE RELAÇÕES PÚBLICAS

OLB/MS

Livraria do Povo

J. Rodrigues & Cia. Ltda.
CNPJ 46 653 395/0001-22
Telefone: 0(xx)44-3323-6645
Praça Jorge Amado, 654
e-mail: rodrigues@uol.com.br
45600-010 – Itabuna – BA

Itabuna, 31 de maio de 2009.

Ref.: Encaminhamento de pedido.

Senhor Editor,

Solicitamos de V. Sa., na forma e condições de praxe, a remessa dos seguintes livros:

Quantidade:	Título:	Autor:
20 (vinte)	Gabriela, cravo e canela	Jorge Amado
15 (quinze)	Capitães da areia	Jorge Amado
8 (oito)	De onde vêm as palavras	Deonísio da Silva

Atenciosamente,

J Rodrigues
Jesuíno Rodrigues
PROPRIETÁRIO

/JR

INDÚSTRIA DE CALÇADOS SÃO CRISÓSTOMO

CNPJ 23 461 359/0001-04
Parque dos Sapateiros, 1 872
Telefone: 0(xx)54-3423-6978
www.crisostomo.com.br
14400-020 – Franca – SP

DC-231   Franca, 18 de abril de 2009.

Senhor Leontino Augusto Antunes,

    Estamos informados de que alguns clientes de sua região não recebem sua visita há três meses. Os concorrentes, enquanto isso, ganham espaço, causando quedas cada vez maiores em nosso faturamento e, consequentemente, no seu.

    Consideramo-lo um dos nossos melhores representantes por ter conseguido para nós a grande preferência dos comerciantes dessa região. Supomos que sua ausência tenha motivos relevantes e seja passageira.

    Julgamos necessário sugerir visita imediata a todos os clientes que se encontram sob pressão de nossos concorrentes.

Atenciosamente,

CleAnCordeiro
Cleófano Antunes Cordeiro
DIRETOR COMERCIAL

Anexa: relação de clientes não visitados.

cac/mjs

CARRETAS ZAMBONINI

Indústria e Comércio de Carretas
CNPJ 65 413 681/0001-88
BR 369, km 130
Telefone/fax: 0(xx)43-3345-2246
www.zambonini.com.br
96200-030 – Ibiporã – PR

SC-95

Ibiporã, 30 de abril de 2009.

Referência: Duplicata para aceite.

Prezado(s) senhor(es),

Passamos às mãos de V. Sa(s). a proposta para aquisição de 5 (cinco) carretas Zambonini de 3 (três) eixos.

Rogamos a gentileza de confirmar a proposta com a máxima brevidade para que possamos atendê-lo(s) nos prazos ali indicados.

Agradecemos desde já a preferência por nossos produtos.

Atenciosamente,

GZZinni
Giuseppe Zandoná Zinni
SETOR DE CONTABILIDADE

Anexa: Proposta de fornecimento de 5 (cinco) carretas.

/GZZ

13. Carta de cobrança

No dia a dia das relações comerciais, dificilmente uma firma escapa dos transtornos causados pelo atraso de pagamento de alguns de seus clientes. O fato ocorre mesmo quando medidas de cautela foram tomadas antes da abertura de crédito por meio de informações insuspeitas. O atraso ocorre também muitas vezes a contragosto do próprio devedor. Diante de tal situação, cabe à empresa credora fazer a cobrança, procurando:

a) obter o pagamento da dívida com os encargos que o atraso ocasionou;
b) conservar a amizade do devedor, convencendo-o de que agiu com lisura e boa vontade.

Diante de uma dívida, é preciso considerar primeiro as causas. Só então é possível determinar a conduta que o credor pode adotar à luz da razão, cautelosamente, com isenção de mau humor, grosseria e provocação. É preciso também usar de muita criatividade para que o ato de cobrança atinja o ponto mais sensível do devedor. No capítulo *Técnica de redação*, há sugestões nesse sentido.

Isso posto, tratemos agora das etapas de uma cobrança:

1. Expede-se, após a data de vencimento da dívida, uma carta com características de aviso rotineiro, embora personalizada. Nela, pode-se pressupor um eventual esquecimento. É prudente nesta etapa fazer uma *nota* ou *post scriptum* (*P.S.*) pedindo ao devedor que considere a carta sem efeito se já tiver efetuado o pagamento.

2. Não havendo pagamento nem explicação do devedor, expede-se a segunda carta. Esta, também personalizada, é mais formal. Destaca a preocupação da empresa pelo motivo do silêncio e externa sua intenção de fazer o possível para ser útil em caso de alguma *dificuldade certamente passageira*. Não se pressupõe mais o esquecimento, mas ainda é prudente acrescentar a nota que pede para considerar a carta sem efeito, caso tenha ocorrido desencontro do pagamento com ela. Nesta fase, o credor deve fazer contato direto com o devedor por telefone, *e-mail* ou pessoalmente.

3. Caso o efeito desejado não se produza, expede-se a terceira carta. Esta lembra a importância do crédito e menciona ação judicial com data certa. A predisposição da empresa em auxiliar como for possível pode ser relembrada, *a fim de evitar transtornos para ambas as partes*. Nesta fase, o credor pode acrescentar uma nota de próprio punho, destacando o conceito que sempre teve do devedor e informando que, por essa consideração, está pedindo ao setor jurídico que aguarde mais tempo.

4. Persistindo o descaso, resta ao credor cumprir a ameaça, acionando os instrumentos legais.

5. Apenas por delicadeza, o departamento jurídico pode avisar que as medidas judiciais foram tomadas.

Notas sobre cartas de cobrança:
a) As cartas de cobrança devem ser consideradas como fato estranho e, por isso, devem ser personalizadas. É comum as empresas credoras desconhecerem que o devedor merece esse tratamento.
b) Contatos telefônicos ou por *e-mail* são tentativas complementares e não substitutas das cobranças escritas, que são documentos comprobatórios da lisura com que o fato foi tratado.

MF IND. METALFORTE

Inscrição Estadual: 452 652 – CNPJ: 41 648 351/0001-22
Avenida Prefeito José Hosken de Novais, 3 465
Tele/fax: 0(- -)43-3337-4225
www.metalforte.com.br
86700-045 – Londrina – PR

SF-49 Londrina, 20 de agosto de 2009.

Senhor Divaldo Esdras de Campos,

O título BD-254/09, de seu aceite, no valor de R$ 13 551,00 (treze mil, quinhentos e cinquenta e um reais), venceu a 15 de agosto e não foi quitado ainda.

Conhecemos sua solidez nos negócios e seu desejo de manter o prestígio dessa empresa. Entendemos que o atraso na quitação do débito tem motivo relevante.

Assim, solicitamos a fineza de quitar o boleto anexo no banco de sua preferência.

Atenciosamente,

DH Rodrigues
Diógenes Hermógenes Rodrigues
DIRETOR FINANCEIRO

Anexa: 2ª via de boleto para pagamento.

Nota: Caso já tenha efetuado o pagamento, considerar sem efeito esta carta.

DHR/AGW

IND. METALFORTE

Inscrição Estadual: 452 652 – CNPJ: 41 648 351/0001-22
Avenida Prefeito José Hosken de Novais, 3 465
Tele/fax: 0(- -)43-3337-4225
www.metalforte.com.br
86700-045 – Londrina – PR

SF-187   Londrina, 25 de agosto de 2009.

Senhor Divaldo Esdras de Campos,

Não recebemos resposta da carta que lhe enviamos no dia 20. Consideramos que seu silêncio ao nosso apelo para quitação do título BD-254/09, de seu aceite, no valor de R$ 13 551,00 (treze mil, quinhentos e cinquenta e um reais), não foi uma desconsideração. Preferimos crer que tenha sido consequência de um passageiro contratempo. Por isso voltamos a novo contato com a intenção de sermos úteis no que for possível, caso alguma dificuldade esteja impedindo a quitação.

Sua pontualidade em transações anteriores e o prestígio que conquistou pela retidão de caráter estão sendo desafiados agora por um título. Nesse desafio, confiamos na sua vitória e estamos convencidos de que ainda hoje haverá a quitação.

Atenciosamente,

DH Rodrigues
Diógenes Hermógenes Rodrigues
DIRETOR FINANCEIRO

Nota: Caso já tenha efetuado o pagamento, considerar sem efeito esta carta.

DHR/BCN

MF IND. METALFORTE

Inscrição Estadual: 452 652 – CNPJ: 41 648 351/0001-22
Avenida Prefeito José Hosken de Novais, 3 465
Tele/fax: 0(- -)43-3337-4225
www.metalforte.com.br
86700-045 – Londrina – PR

SF-191   Londrina, 30 de agosto de 2009.

Senhor Divaldo Esdras de Campos,

Em nossa carta de 25 de agosto, externamos nossa intenção de ser úteis, caso alguma dificuldade o estivesse impedindo de saldar seu débito para conosco. O silêncio continuou, o título em atraso não foi quitado. Concluímos, então, que não poderemos ser úteis.

Não gostaríamos de iniciar uma ação judicial porque seu crédito seria abalado, criando-lhe desnecessariamente uma situação delicada com transtornos para todos nós.

Nosso departamento jurídico, com tristeza para nós, já tomou as providências e ingressará com ação imediatamente.

Atenciosamente,

DH Rodrigues
Diógenes Hermógenes Rodrigues
DIRETOR FINANCEIRO

DHR/RTY

Divaldo,
Pedi ao advogado que segure um pouco o processo. Tenho certeza de que você, em nome de nossas boas relações, fará o pagamento ainda hoje.
Diógenes

14. Carta familiar

Carta familiar é meio de comunicação redacional livre mais extenso que o bilhete ou recado. Pode conter narração, descrição, reflexão ou parecer dissertativo. Tem como objetivo transmitir notícias (íntimas ou não), pedir opinião, dar sugestões (cartas para jornais e revistas, por exemplo), além de iniciar, manter, reforçar, reatar ou encerrar relacionamento ou negociação. Tem como receptor pessoa da relação familiar ou social. Dispensa as formalidades dos outros documentos, mas não dispensa concisão, correção, estética. Como qualquer documento, a carta familiar leva consigo a imagem do emissor.

Antigamente, era norma de polidez escrever carta familiar à mão para dar ao receptor a impressão de que o emissor lhe dava especial atenção. Essa norma já não tem sentido, e a carta familiar até já se tornou um meio digital de comunicação em tempo real. Embora seja desejável a correção da linguagem, os internautas criaram formas diferentes de comunicação muitas vezes inacessíveis àqueles não iniciados.

Para postagem no correio, usa-se envelope de 16 × 11 cm, mas nada impede que se use envelope de outra medida.

Nas cartas familiares, pode ser usado papel pautado para escrita à mão (bloco de cartas) ou papel próprio para impressão, que pode ter a marca do emissor (timbre). É usual escrever os parágrafos com entradas (texto denteado). Geralmente, a carta familiar tem esta estrutura:

1. *Local e data*. Indicam-se dia, mês e ano, podendo estar abreviados.

2. *Invocação*. Indica-se o tratamento desejado, seguido de vírgula.

3. *Texto*. Em geral, faz-se rápida introdução, indicando o principal motivo da correspondência para, em seguida, desenvolver as ideias.

4. *Cumprimento final*. O emissor pode criar seu cumprimento final em função da relação familiar ou social que mantém com o receptor.

5. *Assinatura*. Dada a informalidade da carta, o emissor assina apenas o nome (ou apelido) pelo qual o receptor o conhece.

Observações:
a) A Empresa Brasileira de Correios e Telégrafos (ECT) mantém um serviço para facilidade e acessibilidade às pessoas de baixo poder

aquisitivo: a *carta social*[1], semelhante à carta familiar, mas com estas características:
- peso máximo até 10 gramas (envelope com uma folha);
- remetente e destinatário são pessoas físicas;
- destinatário no território nacional;
- conteúdo envelopado;
- envelope sem timbre e com a inscrição *CARTA SOCIAL* no canto inferior esquerdo, logo acima do CEP;
- endereçamento manuscrito.

b) Outro serviço disponível é a *carta via internet*[2], que permite enviar por computador carta registrada a qualquer hora para pessoas físicas ou jurídicas. O emissor acessa o *site* dos Correios e prepara o documento. O programa passa o documento pelo roteador, e a ECT encarrega-se da impressão, do envelopamento e da sua entrega ao destinatário.

Para exemplo, transcreveremos uma carta familiar do escritor Monteiro Lobato[3], escrita em Nova York possivelmente em 1928, para um pequeno leitor[4]:

> Prezado amigo deste tamanho,
>
> Recebi sua carta com um menino pescando uma botina velha em cima. Recebi também os retratos que você mandou. Já remeti esses retratos para São Paulo, para o desenhista que vai fazer desenhos para o livro que eu fiz e que se chama – Circo de Cavalinhos (a Emília, que é uma burra, diz Circo de Escavalinho). Mas estou com medo que o desenhista não faça você parecido e mamãe vai ficar danada. A Emília vive se queixando dos desenhistas, que nunca pintam como ela é.
> O sítio de Dona Benta está ficando uma beleza. Agora apareceu um outro freguês, o João Faz-de-conta, que é um boneco

---

1. Disponível em: http://www.correios.com.br/prod_serv/mensagens/cartas.cfm. Acesso em: 25 ago. 2008.
2. Disponível em: http://www.correios.com.br/produtos_servicos/catalogo/carta_internet.cfm. Acesso em: 26 ago. 2008.
3. Disponível em: http://www.projetomemoria.art.br/MonteiroLobato/monteirolobato/carta.html. Acesso em: 30 ago. 2008.
4. Mantivemos o texto como aparece no *site*.

irmão do tal Pinocchio. É muito feio o coitado, como você vai ver no fim do ano num livro chamado "O irmão de Pinocchio" que vai sair. Narizinho está crescendo e cada vez com o nariz mais arrebitado.

    A casa dos pingüins vai bem. É meio triste porque só tem dois habitantes, dois pingüins, que passam o dia inteiro um olhando para o outro. Já devem estar enjoados de tanto olhar, não? Enquanto não aparecer por lá um pingüinzinho há de ser isso.

    A casa de Alarico é alegre porque tem um pingüinzinho sabido que é você.

    Adeus meu caro amigão e diga a papai que quando vier cá outra vez não deixe de trazer você para ver a máquina que a gente põe um níquel e sai um pedacinho de chewing gum.

    Até logo. Lembranças a papai, mamãe e ao Presidente.

15. Certidão

Certidão é instrumento jurídico pelo qual se afirma ser verdade algo constante de elemento concreto: assentamento público (processos, despachos etc.). É fornecida por quem de direito, por requerimento da parte interessada.

> Embora de formas semelhantes, há diferença entre *certidão* e *atestado*. A *certidão* atém-se à existência de ato ou assentamento. É, portanto, objetiva: certidão de casamento, certidão do registro de imóveis, por exemplo. O *atestado* pode conter informações de ordem pessoal do emissor. É, portanto, subjetivo: atestado de boa conduta, por exemplo.

Escrita em papel A4, preferentemente com entrelinha de 1,5, a certidão apresenta esta estrutura:

1. *Timbre*. O papel em que se dá a certidão tem impressos o logotipo e o nome do órgão que o fornece.

2. *Título*. Abaixo do timbre, no centro da linha, escreve-se a palavra *Certidão* com todas as letras maiúsculas, podendo ser numerada, ter os dois últimos algarismos do ano e a indicação do setor que a expede.

3. *Texto*. Abaixo do título, inicia-se o texto, que contém, em linhas corridas:
   a) indicação da autoridade que vai certificar (nome civil, cargo ou função);
   b) indicação de quem expede a certidão, seguida do cargo, ou do superior que a mandou expedir: nome e cargo, precedidos de: *por ordem de*;
   c) verbo *certificar* na primeira pessoa do singular do presente do indicativo, seguido da conjunção *que*;
   d) menção ao documento pertinente ao caso. Exemplo:

   ... no livro A-5 (cinco) de Atas, página vinte e três, linhas três a dezoito,

   e) verbo *constar* na terceira pessoa do singular do presente do indicativo, seguido da conjunção *que*;

f) reconto do conteúdo que interessa ou transcrição do documento.

4. *Fecho*. Após o reconto ou a transcrição do assentamento, o certificante (emissor) declara que é verdadeiro o que recontou ou transcreveu. Exemplos:

> Por ser verdade, firmo a presente certidão.
> O referido é verdade, e disso dou fé.

5. *Localidade e data*. Após o fecho, escrevem-se o nome da localidade e a data completa.
Observação: Ainda persiste o chavão desnecessário da linguagem tabelioa, como neste exemplo:

> Dado e passado no Gabinete dos Recursos Humanos da Prefeitura Municipal de Jardim do Éden aos três dias de novembro de...

6. *Assinatura*. O certificante faz logo abaixo sua assinatura, sem a necessidade de escrever o nome ou o cargo, pois isso já foi declarado no texto.

Notas sobre a certidão:
a) Por precaução (ou tradição), a certidão é toda escrita em linhas corridas, isto é, sem parágrafos.
b) Os numerais com até três palavras são escritos por extenso.
c) Os numerais grafados com algarismos têm a forma extensa entre parênteses.
d) Obviamente, não se admitem erros ou rasuras no documento.
e) A *certidão negativa*, frequentemente exigida, certifica que *nada consta* em documentos sobre o requerente (processo, dívida, protesto etc.). Ao título acrescenta-se a palavra *negativa* (com todas as letras maiúsculas).
f) Muitos órgãos têm impresso especial para fornecimento de certidão negativa, bastando que o emissor preencha as lacunas.

PREFEITURA MUNICIPAL DE BERTIOGA
Secretaria da Fazenda
Departamento de Arrecadação

CERTIDÃO NEGATIVA

Por ordem do senhor Secretário Municipal da Fazenda, eu, Edvaldo Bissoqui Gonçalves, Chefe do Departamento de Arrecadação, certifico que, revendo os processos de dívida ativa, nada consta em nome de Casimiro Ubaldo da Conceição Silva, residente na Rua Pintassilgo, 132 (cento e trinta e dois), nesta cidade. Por ser verdade, firmo a presente certidão. Bertioga, 8 (oito) de agosto de dois mil e nove.

Edvaldo Bissoqui Gonçalves

SECRETARIA DE SEGURANÇA PÚBLICA
Divisão Policial do Interior
39ª Subdivisão Policial de Floraí – PR

CERTIDÃO

Eu, Alcebíades Gomes da Cunha, escrivão da trigésima nona Subdivisão Policial de Floraí, Paraná, por ordem do Senhor Delegado de Furtos e Roubos, Bel. Higino Cristóforo Trancoso, certifico que, revendo o livro de queixas desta SDP, página 176 (cento e setenta e seis), sob registro número 674 (seiscentos e setenta e quatro), consta que: "Às 14h45 (quatorze horas e quarenta e cinco minutos) do dia 31 (trinta e um) de maio deste ano, compareceu a esta Delegacia o Senhor Claudionor Procópio Meyer, residente e domiciliado na Rua Rui Barbosa, 132 (cento e trinta e dois) para registrar a seguinte queixa: furto de dez folhas de cheque do Banco Segurança S/A, agência centro desta cidade, numeradas de CVBK 847681 a 847690." Em seguida existe assinatura ilegível. Por ser verdade, firmo a presente certidão. Floraí, 28 (vinte e oito) de outubro de dois mil e nove.

AlceGoCunha

16. Circular

Circular é documento reproduzido em vias impressas de igual teor, dirigida a vários receptores (pessoas, órgãos ou entidades), transmitindo instruções, ordens, recomendações, determinando a execução de serviços ou esclarecendo atos regulamentados.

Observação: A circular não pode complementar ou modificar atos oficiais.

Nos órgãos públicos e nas entidades, a circular tem como receptores os subordinados (circular interna) ou o público em geral (circular externa). Nas empresas, tanto podem ser receptores os subordinados (circular interna) como outras empresas, os clientes e o público em geral (circular externa). A circular pode ser escrita em papel A4 ou A5 (*in--octavo*). Tem esta estrutura:

1. *Timbre*. No alto do papel vêm impressos: nome do órgão, entidade ou empresa e outros dados, como seção, endereço, inclusive o eletrônico.

2. *Título e número*. Abaixo do timbre, escreve-se a palavra *Circular*, geralmente no centro da linha, com todas as letras maiúsculas, seguida do número que lhe couber.

Observação: Após o número, podem ser indicados os dois últimos algarismos do ano em curso, separados do número por barra oblíqua.

3. *Data*. Na circular, a data pode ser indicada das seguintes maneiras:
    a) Após o número, põem-se uma vírgula, a preposição *de* e a data com todas as letras maiúsculas, ficando o conjunto (título, número e data) no centro da linha. Exemplo:

CIRCULAR Nº 22, DE 2 DE MARÇO DE 1995

    b) Sob o título e número, introduzida pela preposição *em* (com inicial maiúscula). Exemplo:

CIRCULAR Nº 54/95
Em 27 de abril de 1995

c) À direita da folha, na mesma linha do título e número, precedida do nome da localidade. Neste caso, título e número deslocam-se para a esquerda, podendo ser usada a abreviatura de circular. Exemplo:

CIRC. 38/09					Brasília, 26 de fevereiro de 2009.

4. *Ementa* (opcional). Abaixo da data, escreve-se a palavra *ementa* e indica-se o teor da circular. Exemplo:

Ementa: Material de Consumo.

5. *Invocação* (muitas vezes ausente). Abaixo da ementa (se houver) ou da data, à esquerda, faz-se a invocação de modo genérico, a fim de servir a todos os receptores. Exemplos:

Excelentíssimo Senhor,
Senhor Prefeito,
Senhores Vereadores,
Meritíssimo Juiz,
Prezado Senhor,
Senhores encarregados do almoxarifado,

6. *Texto*. Após a invocação, inicia-se o texto, que pode ter:
   a) *exposição*, desenvolvendo a ementa para atingir o objetivo;
   b) *apelo*, quando for necessário sensibilizar o receptor e predispô-lo a agir conforme os desejos do emissor;
   c) *impulso*, como forma de transformar a predisposição em ação.

Observação: O texto da circular, quando extenso, pode ter os parágrafos numerados, exceto o primeiro. Caso não caiba numa só folha, a continuação recebe a indicação de Fl. nº (ou Folha nº), seguida do título e número do documento.

7. *Cumprimento final*. Iniciando novo parágrafo, mas sem numeração, escreve-se o cumprimento final. O documento *Normas sobre correspondência e atos oficiais* prevê apenas duas formas de cumprimento final, ambas seguidas de vírgula: *Respeitosamente* (para superiores, inclusive o Presidente da República) ou *Atenciosamente* (para quem de idêntica hierarquia ou hierarquia inferior)[1].

---

1. MEC, 1994, Brasília, p. 30.

8. *Assinatura*. Abaixo do cumprimento final, escrevem-se o nome civil do emissor (apenas as letras iniciais maiúsculas) e sob ele o cargo ou função (todas as letras maiúsculas). A assinatura se faz, sem linha (traço ou fio), acima do nome.

9. *Anexos*. Caso a circular seja acompanhada de outros papéis, escrevem-se abaixo da assinatura a palavra *anexo* (anexa, anexos ou anexas) e a indicação desses papéis. Exemplos:

Anexa: Cópia do Decreto-Lei nº 1.950.
Anexa: Tabela de honorários.

10. *Iniciais*. Para facilidade na identificação de quem redigiu e quem digitou a circular, é sempre bom indicar-lhes as iniciais ao pé da página, separadas por barra oblíqua: antes da barra, iniciais do redator; depois dela, iniciais do digitador. Sendo a mesma pessoa o redator e o digitador, põem-se a barra e suas iniciais em seguida.

Notas sobre a circular:
a) Certas circulares são personalizadas. Isto é: trazem abaixo da data o tratamento adequado, o nome civil do receptor, o cargo ou função que ocupa. Essa prática, salvo melhor juízo, transforma a circular, que é basicamente multidirecional, em ofício ou carta, documentos unidirecionais. Caso se queira assim proceder, a personalização deve ser feita de tal forma que o receptor acredite que o documento foi escrito exclusivamente para ele.
b) Alguns órgãos se utilizam de papel impresso especialmente para circulares, no qual existem, além do timbre, cabeçalho, lugar de identificação do receptor, emissor, número, data, ementa e texto. Assim:

(timbre)		
CIRCULAR		
Emissor:	Receptor:	
(localidade) , (dia) de (mês) de (ano)		Número:
Ementa:		
(texto)		
Setor:	Assinatura:	

Esse impresso pode ser útil para documentos escritos à mão (geralmente evitados) ou para máquinas de escrever (já em desuso). No computador, o órgão ou empresa cria modelos que, armazenados na memória, são reutilizados em outras situações.

PREFEITURA MUNICIPAL DE ABATIÁ

CIRCULAR Nº 22
Em 10 de abril de 2009.

Ementa: Licença por enfermidade.

Senhor Secretário Municipal,

Por ordem do Senhor Prefeito Municipal, informo a V. Sa. que, de acordo com o Artigo 89 da Lei Municipal nº 720, de 10 de setembro de 2008, as licenças por enfermidade só serão concedidas aos funcionários municipais quando houver:
a) impossibilidade de trabalho motivada por doença, lesão, gravidez ou parto;
b) necessidade de atenção a membros familiares ascendentes e/ou descendentes diretos portadores de doença grave;
c) perigo de transmissão de doença infectocontagiosa de que seja portador.

Em qualquer das três hipóteses, o pedido de licença deve ter anexo o atestado médico fornecido pela Secretaria Municipal de Saúde, indicando o tempo previsto de afastamento.

Atenciosamente,

Adriano Adilson de Sá Farias
Adriano Adilson de Sá Farias
CHEFE DE ADMINISTRAÇÃO

/AASF

**Fundação
Beneficente
Jorge Amado**

Rua Nicodemo Freixeira de Sá, 879
www.fubejavi.com.br
29100-020 – Vitória – ES

CIRCULAR Nº 23, DE 25 DE JULHO DE 2009

Senhor Curador,

    Será realizada a 30 de julho, às 20 horas, Reunião Extraordinária dos Curadores da Fundação Beneficente Jorge Amado (Fubeja). Os assuntos da pauta, como esclarece o Edital já publicado, são muito importantes para todos.

    Sua opinião, sempre baseada em longos estudos e externada com o bom senso que caracteriza sua personalidade, será valiosa para orientar nossas decisões.

    Anote em sua agenda a data da Reunião para não esquecê-la e compareça disposto a nos ajudar.

Atenciosamente,

Protógenes Aniceto Sucupira
Protógenes Aniceto Sucupira
PRESIDENTE

Anexa: Cópia do Edital nº 5/09.

ATW/YSK

LIS LABORATÓRIO DA IMAGEM E DO SOM

Takashe Nobuaki & Filhos
Inscrição Estadual: 354 162 – CNPJ 12 546 003/0001-22
Rua Pedregoso Malta de Oliveira, 658 – salas 12 e 14
Tele/fax: 0(- -)22-3468-4543
www.imagemdosom.com.br
15100-021 – Araçatuba – SP

Circ. 98/09

Araçatuba, 27 de julho de 2009.

Senhores profissionais de imagem e de som,

O LABORATÓRIO DA IMAGEM E DO SOM dispõe de equipamentos de última geração e pessoal altamente especializado para processar imagens e sons de qualquer espécie e formato.

O custo desse trabalho é acessível a todos os profissionais de imagem e de som.

Comecem ainda hoje a desfrutar de nossa tecnologia, trazendo para nós o que de melhor já produziram em som e/ou imagem.

Atenciosamente,

Takashe Nobuaki
Takashe Nobuaki
PROPRIETÁRIO

/tn

17. Contrato

Contrato é documento jurídico em que a parte contratante e a parte contratada, devidamente identificadas, estabelecem direitos e obrigações mútuas sobre determinada prestação de serviços: emprego, empreita, aluguel, cessão, empréstimo, direitos autorais etc.

Por se tratar de documento de suma importância, é aconselhável que advogado especializado acompanhe todo o processo, evitando cláusulas[1] que, ao arrepio da lei, tentem beneficiar uma das partes.

Escreve-se o contrato em papel A4, podendo usar também o verso. É desejável, mas não obrigatório, usar entrelinha 1,5 e fonte de corpo 12 (Arial ou Times New Roman). Ocupando mais de uma página, o fato deve ser anunciado no fim da primeira (continua) e no início da seguinte (continuação do contrato – fl. 2). Para ocupar menos espaço, é digitado em bloco, isto é, sem entradas nos parágrafos.

Os contratos de modo geral devem conter:

1. *Título*. Na primeira linha útil, ao centro, escreve-se a palavra *Contrato* (com todas as letras maiúsculas), acrescido do tipo de contrato: prestação de serviços, locação, de direitos autorais etc.

2. *Introdução*. Identificação de cada parte envolvida, do objeto de contrato e declaração de que as partes estão de acordo com os seguintes termos:
   a) apresentação de todos os dados necessários do contratante (pessoa física ou jurídica);
   b) apresentação de todos os dados necessários do contratado (pessoa física ou jurídica);
   c) identificação do objeto de contrato (o que está sendo contratado e para quê).

3. *Cláusulas ou artigos*. São discriminados todos os itens que realmente assegurem fim pacífico ao contrato. Cada tema equivale a uma cláusula ou a um artigo, todos numerados a partir do primeiro (este escrito por extenso). Haverá, pois, determinação de:

---

1. É preciso consultar também o Código de Defesa do Consumidor (Lei nº 8.078, de 11/9/1990), que está disponível em: http://www.idec.org.br/.

a) início e término do contrato: dia, mês e ano (e, às vezes, hora);
b) valor monetário ou participação dos resultados;
c) deveres do contratante;
d) deveres do contratado;
e) direitos do contratante;
f) direitos do contratado;
g) data limite e local para pagamento do valor ou da participação, incluindo as sanções por eventual atraso;
h) ações ou omissões que podem culminar com rescisão contratual;
i) periodicidade de reajuste e indicação do índice adotado;
j) indicação e identificação completa das garantias: fiadores[2], caução, seguro etc.

4. *Foro*. A última cláusula (ou artigo) indica de que localidade será o foro para dirimir questões desse contrato. Em se tratando de bem imóvel, o foro é o do próprio bem.

5. *Localidade e data*. Após a última cláusula (ou artigo), indicam-se o nome da localidade e a data completa em que o contrato foi celebrado.

6. *Assinaturas*. Serão apostas acima do nome digitado as assinaturas:
a) do contratante;
b) do contratado;
c) de cada testemunha (geralmente são duas), estas com clara indicação de endereço e de documentação.

Notas sobre o contrato:
a) Muda-se o número da cláusula (ou artigo) quando muda o assunto.
b) Pormenores ou esclarecimentos da cláusula (ou artigo) são indicados por parágrafos (§), sendo o primeiro escrito por extenso: parágrafo primeiro, § 2º etc.
c) Na numeração de cláusulas, artigos e parágrafos, empregam-se os numerais ordinais até 9 e cardinais daí em diante: Art. 9º, Art. 11.
d) Imprime-se o contrato em tantas vias quantas forem as partes envolvidas.
e) Na última página serão apostas todas as assinaturas, mas as páginas anteriores precisam de rubrica, usadas para garantir que não haja substituição posterior de folha.

---

2. É preciso consultar, no Código de Defesa do Consumidor e no Código Civil (Lei nº 10.406, de 10/1/2002), quais são os direitos e deveres dos fiadores.

f) Pelo menos duas vias (do contratante e do contratado) precisam de reconhecimento de firma.

g) Embora seja por si documento jurídico, há casos em que o contrato precisa ser registrado em Cartório de Títulos e Documentos.

Contrato de locação

Chama-se contrato de locação o instrumento jurídico em que locador (dono do imóvel a ser locado) e locatário (inquilino) estabelecem as condições (direitos e obrigações) sobre o bem.

Embora com a mesma estrutura dos contratos em geral, aqui há peculiaridades que precisam de acompanhamento especializado. Além do Código de Defesa do Consumidor, do Código Civil[3], há implicações definidas pela Lei do Inquilinato[4] e suas alterações.

Citaremos exemplo muito simples (por exiguidade de espaço) de contrato de locação.

---

3. Lei nº 10.406, de 10/1/2002, que está disponível em: http://www.planalto.gov.br/ccivil_03/leis/2002/L10406.htm.

4. Lei nº 8.246, de 18/10/1991, que está disponível em: http://www.planalto.gov.br/ccivil_03/Leis/L8245.htm.

CONTRATO DE LOCAÇÃO

Declaram-se justos e contratados nos seguintes termos a que se obrigam os signatários: **Hildebrando Günther Schultz**, brasileiro, solteiro, produtor rural, RG 567 489 (BA), CPF 325 561 498-3, residente e domiciliado na Rua Pixinguinha, 321, em Assis (SP), de ora em diante identificado como LOCADOR, e **Maria Antonieta Berlioz Jimenes**, brasileira, solteira, professora universitária, RG 645 321 (SC), CPF 645 976 253-55, residente e domiciliada na Rua Shiguero Okuma, 456, Marília (SP), de ora em diante identificada como LOCATÁRIO.

Artigo primeiro. O LOCADOR, proprietário do apartamento 1 302, do Edifício Comendador Guazelli, com 195 m^2 de área total, com garagem, na Rua Antenor Penteado, 590, em Assis (SP) aluga o imóvel ao LOCATÁRIO por 12 (doze) meses, a começar em 1º (primeiro) de fevereiro de 2009 e terminar a 31 (trinta e um) de janeiro de 2010, com a finalidade expressa de residência do LOCATÁRIO.

Art. 2º. O preço da locação ajustado é de R$ 680,00 (seiscentos e oitenta reais), pagáveis até o dia 5 (cinco) do mês subsequente por depósito bancário identificado em nome do LOCADOR, no Banco Segurança, agência 6 532, conta corrente nº 23 652-8.

Parágrafo único. A quitação do aluguel estará confirmada somente após a desvinculação do valor depositado.

Art. 3º. É da responsabilidade do LOCADOR o Imposto Predial e Territorial Urbano (IPTU), com inscrição: 1 22 4 654.

Art. 4º. São da responsabilidade do LOCATÁRIO as despesas com luz e condomínio.

Parágrafo único. Responderá o LOCATÁRIO por incêndio ou dano no prédio comprovadamente por ele causado, quer por ação, quer por omissão.

Art. 5º. O LOCATÁRIO declara obediência à Convenção do Condomínio e seu Regulamento Interno.

Art. 6º. O LOCATÁRIO declara ter recebido o imóvel em perfeitas condições, inclusive com pintura nova, conforme o laudo de vistoria por ele assinado. (continua)

(continuação do contrato de locação – fl. 2)
Parágrafo único. Salvo os desgastes naturais de uso correto, o imóvel deverá ser devolvido nas mesmas condições em que foi recebido, incluindo pintura nova.

Art. 7º. O LOCATÁRIO apresenta como fiadores solidários no pagamento dos aluguéis e demais encargos decorrentes da locação: FLORIPES ANUNCIATA DA CONSOLAÇÃO BRAGA, brasileira, solteira, funcionária pública estadual, RG 645 952-7, CPF 134 645 988-00, residente e domiciliada na Rua Cajarana, 645, em Assis (SP), e AMBROSINO MARTINELLI PENTEADO, brasileiro, solteiro, comerciante, RG 675 132-6, CPF 056 978 988-02, residente e domiciliado na Rua Indalécio Medina, 897, em Assis (SP).

Art. 8º. Fica desde já eleito o foro da comarca de Assis para solução das questões decorrentes deste contrato.

Assis, 25 de janeiro de 2009.

HGSchultz
Hildebrando Günther Schultz
LOCADOR

Maria A. B. Jimenes
Maria Antonieta Berlioz Jimenes
LOCATÁRIO

FloripesACBraga
Fiadores: Floripes Anunciata da Consolação Braga

AmbroMPenteado
Ambrosino Martinelli Penteado

Testemunhas: *EvilMoFreitas*
Evilásio Moreira de Freitas
Rua Monteiro Lobato, 465 (fundos)
RG 465 685 – CPF 312 346 898-02

Aracilde Luchesi da Fonseca
Aracilde Luchesi da Fonseca
Rua Gonçalves Dias, 466
RG 648 645 – CPF 234 645 358-04

18. Curriculum vitae

Curriculum vitae (ou simplesmente currículo) é documento informativo de apresentação elaborado por uma pessoa em seu próprio interesse. É apresentado em folha A4 com fonte Arial ou Times New Roman e entrelinha 1,5. Desse documento constam, basicamente, os seguintes dados:

1. *Identificação pessoal*:
   a) nome
   b) filiação
   c) endereço
   d) sexo
   e) data de nascimento
   f) naturalidade
   g) estado civil
   h) número de dependentes
   i) telefones para contato
   j) *e-mail*

2. *Documentação*. Indicar os cursos (de preferência superiores) concluídos ou em andamento com nome da instituição e ano de formatura.
Observação: Não convém indicar: número de RG, CPF, registro profissional, dados de conta bancária porque não há interesse para a empresa ou órgão.

3. *Experiência profissional*. Indicar os locais em que trabalhou, o setor específico e o período (mês e ano da admissão e da demissão).

4. *Capacitação*. Indicar os cursos específicos de interesse da empresa ou órgão a que enviará o currículo.

5. *Conhecimentos de informática*. Nome do curso (Windows OpenOffice Texto, Excel, OpenOffice Planilha, Corel Draw etc.), instituição em que o fez, período.

6. *Idiomas*. Elencar os idiomas com as habilidades que possui: lê, fala, escreve.

7. *Área de interesse para atuação*. Indicar setor ou departamento da empresa ou órgão para o qual se considera apto e pelo qual tem interesse: recursos humanos, auditoria, gerência etc.

Notas sobre o *curriculum vitae*:

a) O *curriculum vitae* é documento que acompanha pedido de emprego ou de representação, solicitação de bolsa de estudos, inscrição em concursos etc.

b) Todos os dados nele contidos devem ser sintéticos para facilidade de exame. Por isso, é conveniente dispô-los em itens e evitar abreviaturas de órgãos, entidades, associações ou empresas.

c) As informações prestadas devem ser comprováveis documentalmente quando solicitado, mas a comprovação geralmente é posterior.

d) Não sendo suficiente uma folha, escreve-se na última linha útil da primeira entre parênteses: continua. Cada folha de continuação começa com a indicação: *curriculum vitae* (continuação) e o número da folha.

Curriculum vitae (continuação) – fl. 2.

Neste caso, todas as folhas, exceto a última, devem ser rubricadas.

CURRICULUM VITAE

1) **Identificação pessoal**:
   a) nome: MARÍLIA DE FREITAS ANTUNES
   b) filiação: Adoniran Gonzaga Antunes e Maria Joaquina Freitas Antunes.
   c) endereço: R. Epitácio Pessoa, 158, Jardim Paraíso, Telefone: 0 (- -)44-3346-2069, Maringá, Paraná (CEP 06087-100)
   d) sexo: feminino
   e) data de nascimento: 25 de outubro de 1985.
   f) naturalidade: Bauru (SP)
   g) estado civil: solteira
   h) telefones para contato: fixo: 0 (- -) 44-3346-2063; celular: 8421-3223;
   i) *E-mail*: marfran@yahoo.com.br

2) **Documentação**:
   a) Bacharel em Direito pela Faculdade Estadual de Direito de Ponta Grossa (PR), 1996.
   b) Estágio supervisionado de Direito no Escritório de Aplicação Clóvis Bevilacqua, com 465 horas, em 1997, com aprovação no exame prestado na OAB em 1997.

3) **Experiência profissional**:
   a) Auxiliar de escritório na Indústria Mongol (R. Souza Naves, 677, Paranavaí, PR), de 25/2/1994 a 7/12/1997.
   b) Secretária-Chefe da Rede Monsenhor de Alimentos (R. João Cândido, 1 436, Ponta Grossa, PR), de 15/1/1998 a 23/8/2002.
   c) Chefe de Recursos Humanos da Planeja – Escritório de Planejamento Agronômico (R. Dulcídio Martins, 830, Ponta Grossa, PR), de 1/9/2002 a 20/1/2004.
   d) Assessora Jurídica da Construtora Ribeiro Pelegrino (Av. Colombo, 975, Maringá, PR), de 8/2/2005 a 30/1/2008.

(continua)

MFA

(*Curriculum vitae* – continuação) – fl. 2

  e) Chefe do Departamento Jurídico da Incorporadora Gomes Leal (Av. São Paulo, 688, Maringá, PR), de 1º/2/2008 a 31/3/2009.

4) **Capacitação**:
  a) Pós-graduação em Direito Trabalhista na Universidade Norte do Paraná (Unopar), Londrina, Paraná, concluído em 1999.
  b) Mestrado em Direito Trabalhista na Universidade Estadual de Londrina (UEL), concluído em 2003.
  c) Doutorado em Direito Trabalhista na Universidade Estadual de Maringá (UEM), concluído em 2006.

5) **Conhecimentos de informática**:
  a) Informática básica em ambiente Windows na Escola "Windows Presence" de Maringá, Paraná, concluído em julho de 2007.
  b) Excel e Word na Escola "Windows Presence" de Maringá, Paraná, concluído em dezembro de 2007.

6) **Idiomas**: Inglês (concluído na Escola "Free Way" de Maringá, Paraná, em dezembro de 2008): lê, fala e escreve.

7) **Área de interesse para atuação**: Departamento Jurídico.

Maringá, 20 de abril de 2009.

Marília de Freitas Antunes

19. Edital

Edital é uma comunicação ou ordem, cuja finalidade é convocar, avisar ou informar. Para que ninguém possa alegar ignorância de sua mensagem, o edital é afixado em local público visível ou divulgado pela imprensa oficial (*Diário Oficial*) ou por jornal de expressiva circulação. Pode ser escrito em papel A4 (tamanho ofício) ou em A5 (*in-octavo*) com fonte Arial ou Times New Roman de corpo 12, timbrado ou não[1]. São partes do edital:

1. *Identificação*. Na primeira linha útil do papel ou logo abaixo do timbre (se houver), escreve-se no centro a palavra *Edital* (com todas as letras maiúsculas ou só a primeira), seguida do número de ordem, uma barra oblíqua e os últimos algarismos do ano. Pode haver também o código do setor ou do departamento que o expede. Exemplo:

EDITAL Nº 435/09
Edital nº 918/94-CRH

2. *Ementa*. Após a identificação, faz-se no centro do papel o resumo do assunto com todas as letras maiúsculas. Exemplo:

TOMADA DE PREÇOS
CONCORRÊNCIA PÚBLICA
CONVOCAÇÃO PARA ASSEMBLEIA-GERAL

Observação: É comum a identificação e a ementa estarem juntas. Exemplo:

Edital de Convocação para Assembleia-Geral Extraordinária

3. *Texto*. Abaixo da ementa, escreve-se a mensagem, que deve conter todas as informações necessárias ao bom entendimento do receptor.

4. *Localidade e data*. Findo o texto, escrevem-se o nome da localidade e a data completa. Exemplo:

Presidente Prudente, 1º de setembro de 2009.

---

1. A publicação do edital na imprensa pode ocupar espaço menor desde que legível.

5. *Assinatura*. À esquerda ou à direita da folha, conforme o padrão adotado, e abaixo da localidade e data, escrevem-se o nome civil do emissor (apenas as letras iniciais maiúsculas) e na linha seguinte o cargo que ele ocupa (todas as letras maiúsculas). É totalmente dispensável fazer linha (traço ou fio) para receber assinatura. A assinatura será aposta acima do nome. Assim:

B. Steinheger
Bartolomeu Steinheger
DIRETOR DE MATERIAL

6. *Visto*. Muitas vezes, por determinações internas do órgão, o edital precisa ser visado[2] por funcionário hierarquicamente superior: diretor, coordenador ou presidente. Quando essa prática for necessária, escreve-se abaixo da assinatura a palavra *Visto*. Logo abaixo se escreve o nome civil de quem deverá visar o documento (apenas as letras iniciais maiúsculas) e na linha seguinte o cargo que ocupa (todas as letras maiúsculas). A assinatura se faz acima do nome digitado, sem linha (traço ou fio). Assim:

Visto: *Arnaldo Silva Fernandes*
Arnaldo Silva Fernandes
PRESIDENTE

Observação: O edital que vai para publicação na imprensa é cópia do original sem as assinaturas de próprio punho.

> ...essário: 2º Grau Completo
> ...possibilidade de contratação após o término do curso.
>
> EDITAL DE CONVOCAÇÃO
> PARA ASSEMBLEIA-GERAL EXTRAORDINÁRIA
> Ficam convocados os membros do Conselho Fiscal da Fundação Beneplácido Artaxerxes para Assembleia-Geral Extraordinária a ser realizada em sua sede a 13 de agosto de 2010, às 19h, para análise dos documentos da prestação de contas da Diretoria da entidade no 1º semestre de 2010.
>
> Arapiraca, 3 de agosto de 2010
> Severino Iszltino Rodovalho
> PRESIDENTE

---

2. Diz-se, para o ato de passar o visto: *visar, visamos, visou, visado, vise*. Os dicionários não registram o verbo "vistar".

ESCOLA ESTADUAL "EMILIANO PERNETA"

Rua Clotário Portugal, 418
Telefone: 0(- -)42-3487-4421
www.emilianoperneta.seed.pr.gov.com.br
Jaguariaíva – PR

EDITAL Nº 38/95
MATRÍCULAS PARA 2010

Por ordem do Senhor Diretor da Escola Estadual "Emiliano Perneta", faço público, para conhecimento dos interessados, que as matrículas para 2010 no Curso de 1º Grau (1º a 9º anos) estarão abertas de 1º (primeiro) a 20 (vinte) de dezembro de 2009, das 8h às 12h. Os interessados devem se apresentar na Secretaria do estabelecimento com:

1 – Requerimento de matrícula preenchido.
2 – Três fotografias recentes de tamanho 3×4.
3 – Transferência escolar (apenas para alunos provindos de outros estabelecimentos).

Jaguariaíva, 12 de novembro de 2009.

Amadeu Leite Furtado
Amadeu Leite Furtado
SECRETÁRIO

Visto: *Armando Nascimento de Jesus*
Armando Nascimento de Jesus
DIRETOR

COPROLEPAR
COOPERATIVA DOS PRODUTORES DE LEITE DO PARANÁ
Rua Mário Zan, 532
Telefones: 0(- -)35-4439-1213 e 0(- -)35-4439-1215
www.coprolepar.com.br
86430 – Santo Antônio da Platina – PR

EDITAL Nº 5/94
CONVOCAÇÃO PARA
ASSEMBLEIA-GERAL ORDINÁRIA

Pelo presente edital, de conformidade com o Artigo 45 dos Estatutos, convoco todos os cooperados para a Assembleia-Geral Ordinária da Cooperativa dos Produtores de Leite do Paraná (Coprolepar), que será realizada a 20 (vinte) de agosto de 2009 em sua sede (Rua Mário Zan, 532) às 13 (treze) horas em primeira convocação ou, caso não haja *quorum*, às 15 (quinze) horas com qualquer número de cooperados para tratarem dos seguintes assuntos:

1. Exame de proposta de compra do lote 88 (oitenta e oito) da Gleba Vagalume, com 8 (oito) hectares.
2. Eleição da nova Diretoria para mandato de 2009--2010.
3. Determinação dos honorários da Diretoria.

Santo Antônio da Platina, 5 de agosto de 2009.

Adolfina Uchoa Bezerra
Adolfina Uchoa Bezerra
SECRETÁRIA

Visto: *Urias Tourinho Mignoni*
Urias Tourinho Mignoni
PRESIDENTE

CONDOMÍNIO EDIFÍCIO AURÉLIO BUARQUE

EDITAL DE CONVOCAÇÃO PARA
ASSEMBLEIA-GERAL EXTRAORDINÁRIA

Senhores condôminos,

Pelo presente edital, ficam os senhores condôminos do Edifício Aurélio Buarque convocados para a Assembleia-Geral Extraordinária a ser realizada no Salão de Festas do prédio dia 8 (oito) de maio de 2009, às 19h30 (dezenove horas e trinta minutos) em primeira convocação ou às 20h (vinte horas) com qualquer número de presença.
Estão na pauta os seguintes assuntos:

1) Chamada de capital para pintura do prédio.
2) Substituição de empresa prestadora de assistência aos elevadores.
3) Outros assuntos de interesse geral.

Ponta Grossa, 30 de abril de 2009.

Ariovaldo M. Furtado
Ariovaldo Mascarenhas Furtado
SÍNDICO

20. E-mail

E-mail (*correio eletrônico*) é método que permite enviar e receber mensagens ou imagens. Por extensão, é o próprio documento transmitido por esse processo através da internet. Para usá-lo, é preciso que o emissor e o receptor tenham acesso à rede mundial e tenham também contas de *e-mail* em algum servidor.

As comunicações por *e-mail* destacaram-se das outras formas pela velocidade de comunicação. Por ser apenas canal de transmissão, o material enviado deve obedecer às normas de feitura dos diversos documentos. Com outras palavras: não se irá usar a forma internetês de escrever mensagens de relacionamento para um ofício ou carta comercial.

De modo geral, a página para criar o *e-mail* tem espaços vazios para conter:

1. *Cabeçalho*: nome e endereço eletrônico do emissor, nome e endereço eletrônico do receptor e assunto.

Observação: Embora existam variáveis, o endereço eletrônico consiste em um nome seguido de @[1] e do nome do servidor, ao qual se acrescenta a extensão exigida. Tem todas as letras minúsculas, sem espaços, sem acentos e sem cedilha.

2. *Espaço ampliável* para conter o texto da mensagem.

Assim como no fax e no telegrama, documento enviado por *e-mail* é mera antecipação do original, que deve ser enviado por outra via.

A comunicação por *e-mail* oferece muita segurança porque depende de endereço correto e senha para o acesso.

Ao se utilizar desse meio, o emissor deve:
a) enviar *e-mail* a um só endereço como demonstração de atenção individualizada e cortesia;
b) indicar sempre o assunto;
c) usar a ferramenta de cópia oculta (CCO ou BCC) quando for necessário enviar a mesma mensagem a diversos receptores;
Observação: A cópia oculta não exibe o endereço de outros receptores, preservando-os, portanto.
d) indicar no texto ou no assunto a existência e a quantidade de *anexos*.

---

[1]. O símbolo @ (arroba) tem origem na língua inglesa. Corresponde à preposição *at*. Na informática, separa o nome do usuário do nome do servidor.

21. Fax

Fax é equipamento usado para copiar mecanicamente um documento e o transmitir por telefone a outro equipamento compatível, que o imprime no papel. Por extensão, é o próprio documento transmitido. O nome é abreviatura do latim *facsimile*, que significa *faz igual*. No serviço público, nas empresas ou entre pessoas físicas, o fax ganhou boa aceitação por ser mais rápido que o telegrama, que depende da entrega física (por carteiro). Entretanto, os documentos enviados por fax são meras antecipações dos originais, que devem seguir por outra via para substituí-los.

O material impresso a ser enviado por fax deve ter com clareza:
1. Identificação do remetente (emissor): cargo, nome civil, endereço, telefone.
2. Número sequencial de ordem e data.
3. Destinatário (receptor): cargo, nome civil, endereço, telefone.
4. Texto.

As empresas e repartições que frequentemente se valem do fax têm na memória do computador modelo específico para novas mensagens.

É possível enviar fax pela internet. É o *hosted service*, que o usuário pode contratar para converter *e-mail* em fax e vice-versa. Isso exige que o usuário tenha, além desse contrato, acesso à internet e conta de *e-mail*.

O sistema funciona assim:
1. Redige-se o texto como mensagem de *e-mail*.
2. Faz-se o endereçamento para o número do fax do destinatário (receptor), com a extensão específica exigida pela empresa contratada.
3. A empresa converte o *e-mail* em fax e, assim, envia-o para o destinatário (receptor).

A mesma empresa contratada possibilita o trajeto contrário. Isto é: converte o fax em *e-mail* e o envia para a conta do usuário.

22. Memorando

Memorando é documento de comunicação interna utilizado entre unidades administrativas de um mesmo órgão, que podem estar hierarquicamente no mesmo nível ou em níveis diferentes. Etimologicamente, prende-se ao latim *memini* e significa aquilo que deve ser lembrado. É semelhante ao ofício, porém de confecção mais simples, exigindo menos requisitos, inclusive com relação ao tamanho do papel: A4 (tamanho ofício) ou A5 (*in-octavo*). É impresso no corpo 12, nas fontes Arial ou Times New Roman.

A estrutura de memorando que nos parece mais comum compõe-se de:

1. *Timbre.* O timbre do órgão aparece impresso no alto do papel.

2. *Código e número.* Abaixo do timbre e à esquerda do papel escreve-se o código do setor ou departamento emissor, seguido do número sequencial do memorando.

3. *Localidade e data.* Na mesma linha do código e número, porém à direita, escrevem-se o nome da localidade e a data (esta pode ser reduzida).

4. *Ementa.* Na linha seguinte à do código e número e também à esquerda escreve-se a palavra *Ementa*, seguida da identificação do processo, protocolo ou assunto. Exemplos:

Ementa: Processo nº 417/09-SERH.
Ementa: Aposentadoria.

5. *Receptor.* Abaixo da ementa e na mesma margem, escreve-se a palavra *Memorando* (com todas as letras maiúsculas), seguida de *para* e do título do receptor[1]. Exemplo:

MEMORANDO para o Senhor Prefeito Municipal de Poços de Caldas.

6. *Texto.* Logo abaixo, com espaçamento necessário para a estética, escreve-se a mensagem com os parágrafos numerados a partir do segundo. O texto deve ser sucinto, porém com a clareza necessária.

---

1. Note que o memorando dispensa a invocação.

7. *Cumprimento final.* Como em todos os documentos oficiais, dois são os cumprimentos, sempre seguidos de vírgula: *Respeitosamente* (para autoridades superiores, inclusive o Presidente da República) ou *Atenciosamente* (para autoridades da mesma hierarquia ou hierarquia inferior)[2]. No memorando, por ser documento de natureza sucinta, é comum ser omitido o cumprimento final.

8. *Assinatura.* Abaixo do cumprimento final, escrevem-se o nome civil do emissor (com letras maiúsculas) e logo abaixo a indicação do cargo que ocupa. A assinatura será aposta acima do nome civil (sem linha, traço ou fio).

9. *Anexos.* Caso existam anexos, indica-se apenas a quantidade deles, o que é feito à esquerda e abaixo da assinatura.

O memorando, quando destinado a vários receptores, recebe o nome especial de *memorando-circular.*

GOVERNO DO ESTADO DO ACRE
SECRETARIA DE ADMINISTRAÇÃO

Memo: 38/09 **Data:** 3/11/09.
De: Secretário de Administração.
Ao: Senhor Chefe de Almoxarifado.
Assunto: Gastos de papel.

Solicito encaminhar a esta Secretaria a quantidade de resmas de papel A4 requisitadas durante o Curso de Aperfeiçoamento dos Trabalhadores da Educação, realizado de 10/10/09 a 22/10/09.

NChagas
Nelito Chagas

---

2. *Normas sobre correspondência e atos oficiais*, 4ª ed., Brasília, Ministério da Educação e do Desporto, 1994.

MINISTÉRIO DA FAZENDA
SECRETARIA DA RECEITA FEDERAL

MEMORANDO/SRF-79/09 Em 12/5/09

Ementa: Processo PF479/09.

MEMORANDO para o Senhor Chefe da Secretaria de Interior – Roraima.

Informamos a Vossa Senhoria que o processo em epígrafe transitou por esta Secretaria, tendo recebido parecer favorável.

2. Solicitamos aguardar a publicação do despacho no *Diário Oficial da União*, quando tomaremos as demais providências que o caso requer.

Atenciosamente,

SMAlcan
Sérgio Manfredini Alcântara
SECRETÁRIO ADMINISTRATIVO

Sms/vma

GOVERNO DO ESTADO DE SERGIPE
SECRETARIA DE ADMINISTRAÇÃO

MEMO/AS-45/09   Aracaju, 15 de maio de 2009.

Ementa: Recibo 893.

MEMORANDO para o Chefe do Posto de Saúde de Japaratuba.

Solicito de V. Sa. o envio imediato da segunda via do recibo nº 893, datado de 5/5/09, no valor de R$ 847,53 (oitocentos e quarenta e sete reais e cinquenta e três centavos), referente a despesas de viagem e hospedagem, a fim de podermos reembolsar a quantia.

Atenciosamente,

Adalberto M Buim
Adalberto Mantovani Buim
CHEFE DE CONTABILIDADE

/AMB

GOVERNO DO ESTADO DO PIAUÍ
SECRETARIA DE EDUCAÇÃO E CULTURA

SEC/PI-89/09 Em 5/9/09.

Ementa: Processo nº 4 356/09.

MEMORANDO para o Prof. Ganimedes Rodovalho.

Informo que o Processo nº 4 656/09 se encontra na Divisão de Recursos Humanos para levantamento do tempo de serviço.

2. Tão logo seja conferido, o Processo irá ao Senhor Secretário de Educação e Cultura, que imediatamente dará parecer final.

Atenciosamente,

HiMPaim
Hipólito Mainardes Paim
CHEFE DE PROTOCOLO

/HMP

23. Ofício

Ofício é documento escrito, usado para comunicação dos órgãos do serviço público. Por extensão, é usado também para fins não estritamente oficiais (comunicação de autoridade eclesiástica, de clubes e associações), embora nessa acepção existam reservas de algumas correntes de opinião. Caracteriza-se, como todos os documentos oficiais, pela impessoalidade (ausência de impressões pessoais), clareza, concisão, vocabulário acessível a todos os usuários do idioma.

O ofício é escrito em papel A4 (tamanho oficial) em uma só face da folha, preferentemente com fonte Arial ou Times New Roman, corpo 12 e entrelinhas de 1,5. Compõe-se das seguintes partes:

1. *Timbre*. É a identificação do órgão emissor, impressa no alto da folha, contendo o símbolo (escudo, armas) e o nome do órgão público, do clube ou da associação. Exemplo:

GOVERNO DO ESTADO DE SÃO PAULO
SECRETARIA DE ESTADO DA EDUCAÇÃO

Observação: O papel timbrado é exclusivo para as comunicações do órgão, não podendo ser usado para assuntos alheios a ele.

2. *Índice e número*. Abaixo do timbre, à esquerda, com entrada, escreve-se *Ofício*, com a indicação do número de ordem, seguido de uma barra oblíqua e dos dois últimos algarismos do ano. Exemplo:

Ofício nº 38/09

Observações:
a) A numeração dos ofícios recomeça a cada ano.
b) Havendo num mesmo órgão mais de um departamento competente para expedir ofício, põem-se antes do número as iniciais ou o código convencionado para o departamento que o expede. Exemplo:

Ofício nº SUOV-87/09

3. *Data*. Na mesma linha do índice e número, porém à direita, escrevem-se o nome da localidade e a data completa.

4. *Ementa*[1]. A cerca de duas entrelinhas do índice e número, também à esquerda com entrada, escreve-se a palavra *Ementa*, seguida do teor resumido do ofício. Exemplos:

Ementa: Solicitação.
Ementa: Encaminha subsídios para análise.
Ementa: Aposentadoria – Hilário Custódio da Silva.
Ementa: Processo nº 5 073/09.

5. *Invocação*. A cerca de três entrelinhas da ementa, escreve-se o tratamento que convier[2], seguido do cargo do receptor e de uma vírgula.

6. *Texto*. Abaixo da invocação, começa o texto do ofício com entrelinha de 1,5, podendo ou não haver entrada, conforme a disposição escolhida ou exigida por norma técnica do órgão emissor. O texto pode conter:
   a) *exposição*, desenvolvendo a ementa para atingir o objetivo;
   b) *apelo*, quando for necessário sensibilizar o receptor e predispô-lo a agir conforme os desejos do emissor;
   c) *impulso*, como forma de transformar a predisposição em ação.

Observação: Se a exposição for longa, os parágrafos poderão ser numerados a partir do segundo, que receberá o número 2. Nesse caso, o apelo e o impulso também devem ser numerados. A numeração dos parágrafos deve ser fixada na margem esquerda, mesmo que seja usado o texto denteado.

7. *Cumprimento final*. Constitui novo parágrafo e não recebe numeração. De acordo com as *Normas sobre correspondência e atos oficiais*[3], duas são as formas de cumprimento final: *Respeitosamente*, para autoridades de hierarquias superiores, inclusive o Presidente da República; *Atenciosamente*, para autoridades da mesma hierarquia e de hierarquia inferior. A forma que convier ao documento será seguida de vírgula. Alguns autores condenam a presença do advérbio nessa situação por julgá-lo solto, isto é, sem verbo. Parece-nos, entretanto, que o verbo está subentendido (elíptico). Exemplo:

Respeitosamente, (subscreve-se)
Jerônimo de Cáceres Spíndola

---

1. Ementa é a indicação concisa do assunto a que o ofício se refere.
2. Rever o capítulo 3, *Formas de tratamento*, no endereço e na invocação.
3. Ministério da Educação e do Desporto, Brasília, 1994, p. 30.

8. *Assinatura*. Abaixo do cumprimento final, imprime-se o nome civil do emissor sem linha (traço ou fio), indicando logo abaixo o cargo que ocupa. A assinatura será aposta acima do nome.

9. *Anexos*. Caso o ofício seja acompanhado de outros papéis, escreve-se à esquerda e abaixo a palavra *Anexo*, com a indicação desses papéis. Exemplos:

Anexo: Recibo de taxa.
Anexa: Cópia xerográfica de Certidão de Nascimento.

10. *Iniciais*. É conveniente, para posteriores buscas, indicar as iniciais do digitador, o que se faz na última linha útil à esquerda depois de uma barra oblíqua. Sendo pessoas diferentes o redator e o digitador, indicar as iniciais de ambos, separadas por uma barra oblíqua. Exemplos:

/RAFL, ou ABJ/LMZ

Notas sobre o ofício:
a) Cada ofício deve conter um único assunto.
b) A separação das diversas partes do ofício varia de acordo com a extensão do documento. Importa aqui a estética.
c) Caso o ofício seja longo, de modo que não caiba numa só folha, é praxe este procedimento:
- escrever perto de dez linhas do texto na primeira folha, não havendo obrigatoriedade de interrompê-lo em fim de parágrafo;
- na linha seguinte, informar que o texto continua;
- na página seguinte, mesmo que seja timbrada, indicar na primeira linha útil: Folha 2 e repetir o número do ofício. Exemplo:

Folha 2: Processo nº 5 073/09

d) Imprimir sempre duas vias para que uma delas possa ser arquivada (Correspondência Expedida).
e) Quando enviado em envelope oficial, dobrar o papel horizontalmente, de modo que se obtenham três partes iguais em forma de Z, ficando visível a parte que contém a ementa e a invocação.

GOVERNO DO ESTADO DE ALAGOAS
Núcleo Regional de Piaçabuçu
www.nucleopiacabucu.al.gov.com.br

Ofício nº 23/09   Piaçabuçu, 10 de agosto de 2009.

Ementa: Encaminha informações para análise.

Senhor Secretário,

  Analisamos a proposta de Vossa Excelência para desativar o prédio da Escola Estadual "Innocência Stanganelli Pozzi". Concordamos com a maioria dos argumentos. Cremos, entretanto, ser de nossa obrigação encaminhar outras informações para análise.

2. Sua sensibilidade aos anseios de nosso povo e sua retidão de caráter não lhe permitirão agir sob influência, e influenciá-lo não é nossa intenção. Apenas julgamos úteis as informações de que dispomos para uma análise de outros aspectos.

3. Rogamos, pois, a Vossa Excelência que mande analisar essas informações antes de tomar a decisão final.

Respeitosamente,

Raymundo Severiano da Silva
Raymundo Severiano da Silva
 Chefe do Núcleo

Anexos: Mapa da área de influência.
    Projeção de matrículas para os próximos anos.
    Manifesto da comunidade.

/TBR

SOCIEDADE DOS MÚSICOS AMADORES DO PARÁ

Avenida Manuel Bandeira, 1 355
Edifício Tupã – Salas 111 e 112
www.somapa.com.br
66000-050 – Belém – PA

Ofício nº 85/95   Belém, 4 de maio de 2009.

Ementa: Solicitação.

Senhor Presidente,

Considerando a realização do Primeiro Encontro Brasileiro de Músicos Amadores, patrocinado pela Sociedade dos Músicos Amadores do Pará (Somapa), vimos solicitar de V. Sa. a cessão do auditório do Grêmio Esportivo Sabará para a realização do referido Encontro no período de oito a quinze de junho do corrente ano.

Dirigimos-lhe esse pedido por sabermos de seu interesse em colaborar também com as promoções culturais.

Atenciosamente,

HipoCamOl
Hipólito Campos de Oliveira
PRESIDENTE

igf/naf

**PREFEITURA MUNICIPAL
DE COARACI DO SUL**
www.coaraci.pa.gov.com.br

Ofício nº 465/09 Coaraci do Sul, 14 de abril de 2009.

Ementa: Ligação asfáltica.

Senhor Superintendente,

O crescimento demográfico deste município, conforme o mais recente censo, é digno de observação, uma vez que o faz despontar dentre os que mais cresceram em nosso Estado.

2. Como consequência desse crescimento demográfico, o município vem experimentando cada vez maior produção agrícola e atingindo produtividade invejável, principalmente no distrito de Aparição, zona agrícola por excelência.

3. Obviamente, a contribuição de nosso município para os cofres públicos tem sido nos últimos anos muito expressiva.

4. Embora seja a situação do município assim privilegiada, mais elevadas seriam as contribuições para a receita estadual se as ligações viárias da sede municipal com seus distritos permitissem escoamento regular da produção para os municípios vizinhos e para os grandes centros consumidores e industriais de nosso Estado.

5. Entretanto, a precariedade da malha viária municipal, notadamente nas épocas chuvosas, impede por completo o tráfego pesado e estagna a comercialização, com reais prejuízos para todos.

(continua)

**PREFEITURA MUNICIPAL
DE COARACI DO SUL**
www.coaraci.pa.gov.com.br

Folha 2: Ofício nº 465/09

6. Assim, parece-nos oportuno e necessário recorrer a Vossa Senhoria para solicitar a agilização das obras de ligação asfáltica da sede deste município ao distrito de Aparição, numa extensão de doze quilômetros, conforme o projeto LA-179/09, já aprovado.

Respeitosamente,

Conrado Martelli Campelo
Conrado Martelli Campelo
PREFEITO MUNICIPAL

Anexos: Gráfico da produção agrícola de Aparição.
Cópia xerográfica do projeto LA-179/09.
Fotos da atual ligação Coaraci do Sul–Aparição

mms/pgt

GOVERNO DO ESTADO DE SÃO PAULO
SECRETARIA DE ESTADO DA EDUCAÇÃO
www.seed.sp.gov.com.br

Ofício nº 30/08   São Paulo, 30 de agosto de 2008.

Ementa: Guias Curriculares.

Ilustríssimo Senhor Diretor do Colégio Estadual "Mário de Andrade",

    Solicitamos de V. Sa. atenção para o documento denominado "Guias Curriculares Propostos para as Matérias do Núcleo Comum do Ensino do 1º Grau", elaborado com rigoroso cuidado por técnicos desta Secretaria.

2.   Salientamos a necessidade de um estudo conjunto desse documento por todos os professores, a fim de que possam, logo de início, inteirar-se da importância das diretrizes ali enumeradas, bem como das implicações que esse documento terá na escolha dos livros didáticos a serem adotados.

3.   Lembramos, na oportunidade, que o planejamento escolar para o próximo ano letivo deve ser feito com base nesse documento, o que permitirá maior facilidade no julgamento dos resultados práticos obtidos na rede escolar do Estado.

    Atenciosamente,

IldefonsoGCintra
Ildefonso Gomes Cintra
Chefe do Departamento Curricular

Anexo: Compêndio de Guias Curriculares.

IGC/IMK

24. Ordem de serviço

Ordem de serviço é documento interno de um órgão, entidade ou empresa em que a autoridade, amparada na legislação, determina procedimentos, fixa comandos de ação ou proibições, estabelece normas que seus subalternos (receptores) devem adotar.

Imprime-se a ordem de serviço em papel A4 (tamanho ofício) ou A5 (*in-octavo*), geralmente timbrado, sem que haja exigência sobre fonte, tamanho da fonte e espaçamento das linhas. De modo geral, tem esta estrutura:

1. *Título*. No centro da primeira linha útil, escreve-se a expressão *Ordem de Serviço*, seguida do número sequencial que lhe couber e a data.

2. *Ementa*. Abaixo do título, faz-se o resumo do assunto.

3. *Texto*. Em novo parágrafo, inicia-se o texto com um preâmbulo em que o emissor relata que a autoridade (indicando-lhe o cargo), de acordo com a legislação, resolve (ou resolvem) determinar, ordenar ou proibir o que e a quem (receptor).

Observação: É muito comum a ordem de serviço conter justificativa e/ou rebater antecipadamente as possíveis objeções. Nesse caso, são usados os *considerandos*, que vêm antes da forma verbal *resolve* (ou *resolvem*), seguida de *que*. Cada um dos considerandos termina com ponto e vírgula.

4. *Assinatura*. Digitam-se o nome civil do emissor (até agora não citado) com as iniciais maiúsculas e, logo abaixo, o cargo que ocupa com todas as letras maiúsculas. Apõe-se a assinatura acima do nome civil sem linha (traço ou fio).

SECRETARIA MUNICIPAL DA SAÚDE

ORDEM DE SERVIÇO Nº 25/09, de 15/1/2009

Ementa: Altera horário de atendimento na Unidade de Saúde do Jardim Esperança.

O senhor Secretário Municipal da Saúde, com base no artigo 5º da Constituição Municipal, resolve que, a partir do próximo dia 1º (primeiro) de fevereiro, a Unidade de Saúde do Jardim Esperança terá seu expediente de atendimento ao público das **7 às 11h** (sete às onze horas) e das **13 às 17h** (treze às dezessete horas) em todos os dias da semana.

SAPinheiro
Solidério Amantino Pinheiro
CHEFE DE GABINETE DO SECRETÁRIO

SECRETARIA MUNICIPAL DE CULTURA

ORDEM DE SERVIÇO Nº 33/09   Data: 18/9/09
De: Chefia de Eventos folclóricos
Para: Diretores setoriais de cultura dos bairros
Ementa: Mudança de local de exposição
Base legal: Art. 11, § 4º, do Regimento Interno da Secretaria
Procedimento: Altera o local da exposição para o Teatro Municipal Ricardo Queirolo (Avenida dos Pioneiros, 978).
Data de implantação: 5 de outubro de 2009.
Assinatura: *Juvêncio Albuquerque*

COLÉGIO ESTADUAL "JOSÉ DE ANCHIETA"

ORDEM DE SERVIÇO Nº 8/09, de 2/2/2009

Ementa: Dispõe sobre entrada e saída de alunos.

O diretor da Escola, com base no Regimento Interno do estabelecimento, e considerando que:

1. a Associação de Pais e Mestres tem demonstrado preocupação com a segurança dos alunos diante da possibilidade de entrada de pessoas não autorizadas no prédio;

2. não dispõe de funcionários suficientes para fiscalizar todas as entradas;

RESOLVE que:

1. apenas o portão fronteiro central será mantido aberto no período de entrada e saída dos alunos;

2. o funcionário encarregado da fiscalização só permitirá a entrada de estudantes na escola devidamente identificados com o cartão de identidade estudantil do estabelecimento;

3. a medida aqui expressa entrará em vigor a partir do próximo dia 5 (cinco) de fevereiro.

MSheilaCSantaella
Maria Sheila Centenaro Santaella
SECRETÁRIA

/mscs

25. Procuração

Procuração é documento por meio do qual alguém (pessoa, empresa ou órgão) concede a outrem poderes para agir em seu nome. Quem concede tais poderes é o mandante, outorgante ou constituinte. Quem recebe tais poderes é o mandatário, outorgado ou procurador.

A procuração pode ser:
a) *pública*, quando lavrada por tabelião em livro de notas, sendo feito dele o traslado[1], que ficará em poder do procurador;
b) *particular*, quando as partes não fazem registro no livro de notas de tabelião, ficando uma via para cada parte envolvida.

Os poderes concedidos por meio da procuração podem ser:
a) *gerais*, quando o constituinte declara que são amplos, gerais, ilimitados;
b) *especiais*, quando o constituinte estipula no documento quais são os poderes.

Para a procuração, pode ser usado papel A4 (tamanho ofício) ou A5 (*in-octavo*), conforme a extensão do texto. Compõe-se das seguintes partes:

1. *Título*. No centro da primeira linha útil da folha, escreve-se *Procuração* com todas as letras maiúsculas ou somente a primeira.

2. *Texto*. Abaixo do título, inicia-se o texto, no qual o constituinte:
a) se identifica (nome, nacionalidade, estado civil, profissão, documentação, endereço);
b) declara quem é o procurador e o identifica (nome, nacionalidade, estado civil, profissão, documentação, endereço);
c) elenca os poderes: gerais ou especiais.

Observação: O texto pode ter entrada (texto denteado) ou ser escrito em bloco, de preferência com entrelinha 1,5 para maior facilidade de leitura.

3. *Localidade e data*. Indicadas à esquerda ou à direita, conforme a disposição escolhida.

---

1. Chama-se *traslado* a cópia ou transcrição do que o tabelião registrou em livro próprio.

4. *Assinatura*. Coloca-se abaixo e na mesma disposição da localidade e data, sem linha (traço ou fio) e sem a indicação impressa do nome do constituinte (já identificado no texto).

5. *Testemunhas*. Na procuração particular, há necessidade de duas testemunhas, citadas e identificadas (nome, endereço, RG e/ou CPF).

Notas sobre a procuração:
a) Desde que haja previsão no texto, o procurador pode *substabelecer* a procuração, isto é, confiar a outrem, em parte ou no todo, por meio de um substabelecimento, os poderes que lhe foram outorgados.
b) O procurador que substabelece a procuração poderá reservar a si os poderes outorgados pelo mandante.
c) Entre as diversas possibilidades da procuração, existe uma de substancial importância porque envolve o patrimônio do casal, dando a um dos cônjuges a possibilidade de agir em nome do outro, inclusive para alienar os bens. É a chamada *outorga uxória*[2] ou *marital*, da qual daremos exemplo.
d) Se a procuração não couber numa só folha, o redator deverá proceder deste modo:
- Escrever na última linha útil da primeira folha, à direita e entre parênteses, a palavra *continua*.
- Escrever na primeira linha útil da nova folha, à esquerda e entre parênteses, *procuração – fl. 2*, fazendo na linha seguinte a continuação do texto.
e) Se houver mais de uma folha, as assinaturas devem ser feitas na última, mas todas as outras devem receber rubrica[3].
f) Por se tratar de documento, obviamente a procuração não pode conter erros, emendas ou rasuras.

---

2. Pronuncia-se o *x* com som *ks*. Ver explicações complementares no endereço: http://www.consumidorbrasil.com.br/consumidorbrasil/textos/familia/outorga.htm.
3. *Rubrica* (rima com barrica) é a assinatura abreviada, reconhecida como autêntica.

PROCURAÇÃO

Organtino Luís de Freitas Sobrinho, brasileiro, solteiro, comerciário, Cédula de Identidade nº 2 994 576-5 (RS), CPF 025 449 598-07, residente e domiciliado na Rua da Esperança, 274, em Porto Alegre, RS, nomeia e constitui seu bastante procurador o Sr. Indalécio Seixas Casagrande, brasileiro, casado, comerciário, Cédula de Identidade nº 809 465-6 (RS), CPF 048 572 368-12, residente e domiciliado na Rua do Sol, 1 525, em Porto Alegre, RS, para efetuar sua inscrição no Concurso Público AJL-354 da Prefeitura Municipal de Caxias do Sul (RS), podendo preencher todos os formulários exigidos, recolher taxas, fazer as opções necessárias e retirar as Instruções do Candidato.

Porto Alegre, 11 de outubro de 2009.

Organtino Luís de Freitas Sobrinho

Testemunhas:

Carlos Caldeira Franco
Carlos Caldeira Franco
Rua Nicolau, 88 – CPF 053 882 450-03

Amélia das Neves Almeida
Amélia das Neves Almeida
Av. Farroupilha, 5 368 – CPF 004 874 659-33

PROCURAÇÃO

Vitalícia Barbosa de Alencastro Sales, brasileira, casada, comerciante, Cédula de Identidade nº 1 843 567 (CE), CPF 013 652 719-22, residente e domiciliada na Rua Rui Barbosa, 663, em Umuarama, Paraná, nomeia e constitui seu bastante procurador o Sr. Carlos Alberto Ferreira da Cunha, brasileiro, casado, bancário, Cédula de Identidade nº 836.505 (PR), CPF 021.582.479-02, residente e domiciliado na Rua João Paulo II, 98, em Umuarama, Paraná, para lhe conferir amplos e ilimitados poderes, a fim de que possa movimentar contas correntes e outras de qualquer espécie nos estabelecimentos de crédito desta cidade, bem como realizar quaisquer negócios ou transações bancárias, inclusive depositar e sacar dinheiro, emitir e endossar cheques, requisitar talões de cheques, abrir ou encerrar contas.

Umuarama (Paraná), 13 de agosto de 2009.

Vitalícia Barbosa de Alencastro Sales

Testemunhas:

Inocência Bragança de Loyola
Inocência Bragança de Loyola
R. Caetano Munhoz da Rocha, 680
CPF 035 824 789-08

Cristiano Crisóstomo de Araújo
Cristiano Crisóstomo de Araújo
R. Minas Gerais, 195
CPF 046 825 039-00

PROCURAÇÃO

    Por este instrumento particular, eu, abaixo assinado, Paulo Roberto Antunes da Silva, brasileiro, solteiro, lavrador, Cédula de Identidade nº 1 876 632 (MG), CPF 045 923 165-03, residente e domiciliado na Rua Tiradentes, 458, em Uberlândia, MG, nomeio e constituo meu bastante procurador o Sr. Agripino Vieira dos Santos Melo, brasileiro, solteiro, farmacêutico, Cédula de Identidade nº 1 256 615 (MG), CPF 048 011 545-09, residente e domiciliado na Rua da Arcádia, 1 420, em Uberlândia, MG, para o fim especial de vender a quem convier o imóvel de minha propriedade, situado na Rua Amazonas, 518, nesta cidade, constituído de um terreno com 450 m², contendo uma casa de alvenaria de 250 m² de área construída, pela quantia mínima de R$ 36.500,00 (trinta e seis mil e quinhentos reais), podendo o procurador outorgar e assinar a escritura de venda com todas as condições e cláusulas que se fizerem necessárias para sua validade, bem como dar posse ao comprador.
    Por ser verdade, firmo a presente procuração.

    Uberlândia, 30 de abril de 2009.

PRAdaSilva

PROCURAÇÃO

Por este instrumento de procuração, a firma Ruiz, Marconi & Cia., estabelecida na Rua São Martinho, 4 158, em Maceió, AL, e inscrita no CNPJ/MF sob nº 35 683 844/0001-35, com o contrato de constituição arquivado na Junta Comercial do Estado de Alagoas sob nº 3 486/97, nomeia seu bastante procurador o Dr. Estêvão Caetano Buzzi, brasileiro, casado, advogado, Cédula de Identidade nº 935 046 (AL), CPF 085 497 634-10, inscrito na OAB sob nº 3 417, com escritório na Avenida Ribeiro da Costa, 580, salas 50 e 52, em Maceió, AL, para o fim especial de representá-la na escritura de venda e compra a lhe ser outorgada pelo Sr. Joaquim Onofre de Medeiros e sua mulher, D. Ivonilde Maria Oliveira de Medeiros, do lote 45 da planta do Jardim Comercial, com 675 m², situado na Rua F, nesta cidade, podendo pagar o preço já estipulado pelos vendedores e receber a quitação, aceitar e assinar a respectiva escritura, promover a transcrição da propriedade adquirida e praticar os demais atos indispensáveis ao total desempenho deste mandato, bem como substabelecê-lo no todo ou em parte.

Maceió, 8 de agosto de 2009.

Juan Pedro Ruiz
Juan Pedro Ruiz
DIRETOR-PRESIDENTE

Testemunhas:

Luís A Lima
Luís Augusto Lima
Av. Beira-Mar, 850
CPF 049 521 044-12

Almerinda de Alencar Ramos
Almerinda de Alencar Ramos
R. Dr. José Silveira, 1 004
CPF 035 401 294-28

DR. ESTÊVÃO CAETANO BUZZI
OAB-AL 3 417
Avenida Ribeiro da Costa, 580 – salas 50 e 52
Fone/fax: 0(- -)55-422-3597
buzziadv@hotmail.com
Maceió – AL

SUBSTABELECIMENTO DE PROCURAÇÃO

Eu, abaixo assinado, Estêvão Caetano Buzzi, brasileiro, casado, advogado inscrito na OAB-AL sob o nº 3 417, CPF nº 085 497 634-10, com escritório na Avenida Ribeiro da Costa, 580, salas 50 e 52, nesta cidade, substabeleço na pessoa do Dr. Augusto Benjamin Mendes Magno, brasileiro, casado, advogado inscrito na OAB-AL sob o nº 2 516, CPF/MF nº 074 318 408-10, com escritório nesta capital na Avenida Praiana, 1 580, salas 27 e 29, os poderes que me foram confiados por Ruiz, Marconi & Cia., sediada nesta Cidade na Rua São Martinho, 4 158, inscrita no CNPJ/MF sob o nº 35 683 844 /0001-35, com reservas de iguais poderes para representá-la na escritura de venda e compra a lhe ser outorgada pelo Sr. Joaquim Onofre de Medeiros e sua mulher, D. Ivonilde Maria Oliveira de Medeiros, do lote 45 (quarenta e cinco) da planta do Jardim Comercial, com 675 m^2 (seiscentos e setenta e cinco metros quadrados), situado na Rua F, nesta cidade, podendo pagar o preço já estipulado pelos vendedores e receber a quitação, aceitar e assinar a respectiva escritura, promover a transcrição da propriedade adquirida e praticar os demais atos indispensáveis ao total desempenho deste mandato.

Maceió, 3 de novembro de 1994.

EstCaetBzzi

Testemunhas:

AlceuMFernandes
Alceu Martins Fernandes
CPF 021 483 604-07 – R. Guararapes, 680

Maria Gimenes Reis
Maria Gimenes Reis
CPF 050 321 904-08 – R. Riachuelo, 86-A

ESTADO DO RIO DE JANEIRO

OUTORGA UXÓRIA

Eu, Zuleika da Conceição Fernandes Oliveira, brasileira, do lar, casada sob o regime de comunhão parcial de bens, Cédula de Identidade nº 1 048 795-07 (RJ), CPF 045 922 736-34, residente e domiciliada na Av. Brasília, 85, Bairro de São Cristóvão, Rio de Janeiro, nomeio e constituo meu bastante procurador Dejanir Augusto de Oliveira, brasileiro, casado, bancário, Cédula de Identidade nº 974 849-5 (RJ), CPF 045 922 736-34, também residente no mesmo endereço, para lhe conferir amplos, gerais e ilimitados poderes para tratar, onde com este documento se apresentar, de todos os negócios do casal, podendo: a) vender, hipotecar, permutar, doar, dar em pagamento, anticrese ou penhor e de qualquer outra forma alienar ou onerar seus bens imóveis, direitos e ações e outros de qualquer natureza, possuídos ou que venha a possuir; b) assumir compromissos e obrigações; c) contrair empréstimos e confessar dívidas; d) renunciar a direitos e aceitar doações onerosas; e) ceder, transferir e caucionar créditos, direitos e ações; f) prestar tudo quanto por qualquer título lhe seja devido e dar quitações, celebrar quaisquer contratos, estipular quaisquer cláusulas ou condições, mesmo penais para os negócios que realizar, responder por evicção; g) outorgar, aceitar e assinar escrituras de qualquer natureza; h) transigir em juízo ou fora dele, representá-la no foro com poderes da cláusula *ad-judicia*[4] e mais os (continua)

---

4. Mandato que se outorga aos advogados sem necessidade de mencionar ou especificar os poderes da procuração, salvo os expressos em lei.

ESTADO DO RIO DE JANEIRO

(Procuração – fl. 2)

poderes especiais para desistir, confessar, receber e dar quitações e firmar compromissos.

Por ser verdade, firmo a presente outorga.

Rio de Janeiro, 23 de julho de 2009.

Zuleika da Conceição Fernandes Oliveira

Testemunhas:

Valdecir A. Moarais
Valdecir Antunes de Moraes
R. Cristóvão Colombo, 95, apto. 148
RG 4 565 061-6 (MG) – CPF 097 362 506-22

Francisco Faria Neto
Francisco Faria Neto
R. Concórdia, 1 482, apto. 1 715
RG 283670-6 (ES) – CPF 003 523 567-00

26. Recado

Nos órgãos públicos, nas empresas e até em casa, chegam pessoalmente ou por telefone inúmeros recados para este ou aquele funcionário. Se a pessoa que os recebe não os anota, corre o risco de esquecê-los ou de transmiti-los incorretamente. Por isso é sempre importante anotar todo e qualquer recado em seus pormenores. Para essas anotações, que seguem as normas principais dos bilhetes, existem papéis especiais[1]. Esses papéis podem ser timbrados e conter espaços livres para número de ordem, data, horário, indicação do receptor e do emissor e nome de quem o recebeu.

FINANCEIRA GARANTIA

RECADO

Nº 6 Data: 11/5/09 Hora: 15h45

Para: Manuel Joaquim

De: D. Rita de Cássia

O senhor deve buscar as crianças na escola às 17h30. D. Rita vai ao médico.

      Suely

D. Yolanda,

D. Ismênia pediu para ligar ainda hoje no celular: 9988-4632.

Viviane – 17h15

---

[1]. Muitos desses papéis trazem a inscrição: *Não fale; escreva!*

27. Recibo

Recibo é documento escrito em que alguém (pessoa ou firma) declara ter recebido algo ali especificado. É mais comum o recibo que declara recebimento de dinheiro.

Não existe tamanho preestabelecido para o papel do recibo, que varia ao gosto do órgão ou da empresa. Entretanto, quando o recibo precisa ser totalmente redigido, são mais comuns o A4 (tamanho oficial) e o A5 (*in-octavo*). No caso de órgão, entidade ou da empresa (pessoa jurídica), o papel deve ter timbre.

O recibo constitui-se das seguintes partes:

1. *Título*. Na primeira linha útil, no centro da folha, escreve-se a palavra *Recibo* com todas as letras maiúsculas.

2. *Número*. Abaixo do título, à esquerda, faz-se a indicação do número sequencial do recibo, podendo conter depois de uma barra oblíqua os dois últimos algarismos do ano.

Observação: Prescindem de número os recibos esporádicos, principalmente em se tratando de pessoa física.

3. *Valor*. Na mesma linha do número, porém à direita, escrevem-se o valor do recibo e os eventuais descontos que a Lei obriga (Imposto de Renda Retido na Fonte, por exemplo).

4. *Texto*. Na sequência, vem o texto, contendo todos os elementos da transação:
   a) declaração de recebimento (*Recebi* ou *Recebemos de*);
   b) identificação do pagador: nome, endereço, RG, CPF (ou CNPJ) e outros que forem julgados importantes;
   c) especificação da quantia líquida que recebeu em algarismos e por extenso entre parênteses;
   d) indicação clara do motivo que deu origem ao recibo com todas as características importantes: venda de, prestação de serviço (especificar), salário, aluguel (especificar), gratificação.

5. *Data*. Logo abaixo do texto, põem-se o nome da localidade e a data completa.

6. *Assinatura*. Abaixo da data, escreve-se o nome de quem está fornecendo o recibo. Apõe-se a assinatura ao nome impresso sem linha (traço ou fio).

7. *Identificação do recebedor.* Logo abaixo da assinatura é necessário identificar o recebedor. Para tanto, indicam-se dele, além do nome já impresso, endereço (telefone fixo, celular, *e-mail*), RG, CPF (ou CNPJ no caso de pessoa jurídica).

8. *Testemunhas.* Embora dispensável essa parte, há casos em que, por medidas de precaução, é desejável que a transação seja atestada por pessoas não envolvidas nela. Nesses casos, escreve-se logo abaixo da identificação do receptor a palavra *testemunhas*. Em seguida, na mesma margem, digitam-se o nome da primeira testemunha e em seguida sua identificação (nome, endereço, RG, CPF). Mais abaixo, procede-se da mesma forma para a segunda testemunha. A assinatura de cada testemunha se faz logo acima do nome digitado, sem necessidade de linha (traço ou fio).

Notas sobre o recibo:
a) O recibo deve ser feito com tantas vias impressas quantas forem necessárias, a fim de que todas as partes envolvidas na transação fiquem documentadas, inclusive as testemunhas.
b) Caso o recebedor seja analfabeto, o recibo será firmado por impressão digital à vista das duas testemunhas que obrigatoriamente assinarão o documento.
c) Nas papelarias vendem-se blocos de recibo já impressos com claros para preenchimento.

RECIBO

R$ 150,00

Recebi da Sra. Georfrida Gherardt Jatobá a quantia de R$ 150,00 (cento e cinquenta reais), referente aos serviços de jardineiro na residência da Rua Colombino Strossner, 789.

Itambaracá, 27 de abril de 2009.

Beneplácido Baldroegas Cunha
Beneplácido Baldroegas Cunha
Rua Assis Valente, 46 (fundos)
RG 1 465 362-8

Imobiliária Mercosul
CNPJ 45 628 975/0001-44
Rua Guilhermino de Freitas, 48 – salas 113-115
Telefone/fax: 0(xx)49-4423-5860
www.imercosul.com.br
35020-120 – Governador Valadares – MG

RECIBO

Aluguel: R$ 850,00
Taxa de Administração: R$ 85,00
Líquido a receber: R$ 765,00

Recebi da **Imobiliária Mercosul** a quantia líquida de R$ 765,00 (setecentos e sessenta e cinco reais), referente ao aluguel de maio de 2009 do apartamento 1 501 do Edifício Mangabeiras, na Rua das Goiabas, 548.

Governador Valadares, 10 de junho de 2009.

Patrícia M Peron
Patrícia Marcidelli Peron
RG 1 956 879-6 (PR)

Nº 2/09   **RECIBO**   Valor 125,00

Recebi(emos) de Adazila Guimarães de Abreu
Endereço Rua Ortigueira, 189 – Centro
A importância de cento e vinte e cinco reais
Referente a reparos elétricos no imóvel da Rua Nhô Bernardino, 630 – Centro.

Para maior clareza firmo o presente.

Belém, 20 de fevereiro de 2009
Emitente Nilcemar Radigonda CPF/RG 049.335.477-00
Assinatura

Madeireira Murioka Ltda.
CNPJ 12 678 952/0001-32
Rodovia 445, km 130
Telefone: 0(- -)65-3434-2653
www.muriokaltda.com.br
84820-210 – Guaratuba – PR

RECIBO

R$ 450,00

Recebemos de EPAMINONDAS CASTANHEIRA, residente na Rua Pontal do Sousa, 67a, RG 2 002 320 559 (PR), a quantia de R$ 450,00 (quatrocentos e cinquenta reais), referente à mão de obra para instalação de 3 (três) janelas de alumínio, incluindo a retirada das janelas antigas.

Guaratuba, 30 de novembro de 2009.

ALSilva
Alfredino Lobato da Silva
GERENTE

Testemunhas:

Desirê Calloni Schiarra
Desirê Calloni Schiarra
Rua Guaica, 98
RG 2 321 645 (PR)

DFSchumman
Dyonísio Feiosa Schumman
Rua José Richa, 798
RG 097 564 (PR)

28. Relatório

Relatório é documento em que alguém expõe à autoridade que o exige o resultado de trabalhos de qualquer natureza, realizados (relatório final) ou em execução (relatório parcial). Assim, assume diferentes formatos, podendo ser desde o preenchimento de claros numa folha impressa à análise de gestão administrativa. Trataremos do relatório que estudantes, professores, funcionários de empresas, pesquisadores devem apresentar como conclusão de seus trabalhos.

Impresso em papel A4 (tamanho ofício) com entrelinha 1,5, corpo 12 e fonte Arial ou Times New Roman, com 3 cm de margem superior e esquerda e 2 cm de margem inferior e direita, o relatório deve obedecer às normas da ABNT[1], tendo esta estrutura:

1. *Capa*. É impressa no mesmo papel A4 e contém:
    a) nome do(s) autor(es) com negrito itálico (só as letras iniciais maiúsculas) na primeira linha útil;
    b) título do trabalho com todas as letras maiúsculas e negrito no centro da página;
    c) local e data na parte central inferior da folha com fonte normal (sem negrito nem itálico).

2. *Página de rosto*. É a primeira folha depois da capa. Contém:
    a) nome do(s) autor(es) com negrito itálico (só as letras iniciais maiúsculas) na primeira linha útil depois do timbre (se houver);
    b) título do trabalho com letras maiúsculas no centro da página;
    c) identificação do trabalho abaixo do título: disciplina a que se refere ou setor da empresa que o exige;
    d) local e data no centro inferior.

3. *Texto*. Em nova página, começa o texto, que contém:
    a) introdução, informando o objetivo que se pretendeu atingir;
    b) relato do que foi realizado, sendo de fundamental importância a boa ordenação do conteúdo em todas as etapas;
    c) análise crítica das atividades e dos resultados de modo global com a indicação de possíveis erros e sua correção;
    d) conclusão a que se pôde chegar.

---

1. NBR 14724, segunda edição (ABNT, 2006).

Observação: A partir do início do texto, todas as páginas serão numeradas sequencialmente no canto superior direito. Apenas o numeral arábico será utilizado.

4. *Referências*. Em nova página, faz-se a indicação das diversas fontes que possam ser consultadas para maior aprofundamento ou esclarecimento do assunto: livros, artigos de revistas e de jornais, filmes, discos. Na citação dessas referências, devem ser seguidas as normas da ABNT[2].

Citaremos na sequência apenas o texto (por questões de espaço) de um relatório que Graciliano Ramos, quando prefeito de Palmeira dos Índios, escreveu ao Governador de Alagoas, Álvaro Paes, com data de 11 de janeiro de 1930[3].

1

Exmo. Sr. Governador:

Trago a V. Exa. um resumo dos trabalhos realizados pela Prefeitura de Palmeira dos Índios em 1928. Não foram muitos, que os nossos recursos são exíguos. Assim minguados, entretanto, quase insensíveis ao observador afastado, que desconheça as condições em que o Município se achava, muito me custaram.

COMEÇOS

O PRINCIPAL, o que sem demora inicial, o de que dependiam todos os outros, segundo creio, foi estabelecer alguma ordem na administração. Havia em Palmeira dos Índios inúmeros prefeitos: os cobradores de impostos, o Comandante do Destacamento, os soldados, outros que desejassem administrar. Cada pedaço do Município tinha a sua administração particular, com Prefeitos coronéis e Prefeitos inspetores de quarteirões. Os fiscais, esses, resolviam questões de polícia e advogavam. Para que semelhante anomalia desaparecesse, lutei com tenacidade e encontrei obstáculos dentro da Prefeitura e fora dela – dentro, uma resistência mole, suave, de algodão em rama; fora, uma campanha sorna, oblíqua, carregada de bílis. Pensavam uns que tudo ia bem nas mãos do Nosso Senhor, que administra melhor do que todos nós; outros me davam três me-

---

2. Consultá-las em: www.ufrrj.br/institutos/it/deng/varella/FTP/nbr_6023.ppt.
3. Disponível em: http://politika1.blogspot.com/2007/07/relatorios-de-graciliano-iii.html. Acesso em: 25 ago. 2008.

ses para levar um tiro. Dos funcionários que encontrei em janeiro do ano passado restam poucos. Saíram os que faziam política e os que não faziam coisa nenhuma. Os atuais não se metem onde não são necessários, cumprem as suas obrigações e, sobretudo, não se enganam em contas. Devo muito a eles. Não sei se a administração do Município é boa ou ruim. Talvez pudesse ser pior.

RECEITA E DESPESA

A receita, orçada em 50:000$000, subiu, apesar de o ano ter sido péssimo, a 71:649$ 290, que não foram sempre bem aplicados por dois motivos: porque não me gabo de empregar dinheiro com inteligência e porque fiz despesas que não faria se elas não estivessem determinadas no orçamento.

PODER LEGISLATIVO

Despendi com o poder legislativo 1:616$484 – pagamento a dois secretários, um que trabalha, outro aposentado, telegramas, papel, selos.

ILUMINAÇÃO

A iluminação da cidade custou 8:921$800. Se é muito, a culpa não é minha: é de quem fez o contrato com a empresa fornecedora de luz.

OBRAS PÚBLICAS

Gastei com obras públicas 2:908$350, que serviram para construir um muro no edifício da Prefeitura, aumentar e pintar o açougue público, arranjar outro açougue para gado miúdo, reparar as ruas esburacadas, desviar as águas que, em épocas de trovoadas, inundavam a cidade, melhorar o curral do matadouro e comprar ferramentas. Adquiri picaretas, pás, enxadas, martelos, marrões, marretas, carros para aterro, aço para brocas, alavancas etc. Montei uma pequena oficina para consertar os utensílios estragados.

EVENTUAIS

Houve 1:069$700 de despesas eventuais: feitio e conserto de medidas, material para aferição, placas. 724$000 foram-se para uniformizar as medidas pertencentes ao Município. Os litros aqui tinham mil e quatrocentos gramas. Em algumas aldeias subiam, em outras desciam. Os negociantes de cal usavam caixões de querosene e caixões de sabão, a que arrancavam tábuas, para enganar o comprador. Fui descaradamente roubado em compras de cal para os trabalhos públicos.

CEMITÉRIO
No cemitério enterrei 189$000 – pagamento ao coveiro e conservação.
ESCOLA DE MÚSICA
A Filarmônica 16 de Setembro consumiu 1:990$660 – ordenado de um mestre, aluguel de casa, material, luz.
FUNCIONÁRIOS DA JUSTIÇA E DA POLÍCIA
Os escrivães do júri, do cível e da polícia, o delegado e os oficiais de justiça levaram 1:843$314.

RAMOS, Graciliano. *Viventes das Alagoas*. Rio de Janeiro. Record, 2007, pp. 102-3.

29. Requerimento

Requerimento é documento usado para solicitar a determinada autoridade pública algo que, ao menos supostamente, tenha amparo legal. Certos auxílios e vantagens previstos em Lei (auxílio-doença, ajuda de custo, férias, salário-família etc.) prescindem de requerimento.
Escreve-se o requerimento de modo claro e objetivo, em papel A4 (tamanho ofício), para impressão com entrelinha de 1,5, ou papel almaço, se manuscrito.
O requerimento compõe-se de:
1. *Invocação*. Escrevem-se no alto da folha, a partir da margem esquerda, o pronome de tratamento conveniente, o título ou o cargo da pessoa a quem se dirige o requerimento, sem citar o nome civil, com as letras iniciais maiúsculas ou todas maiúsculas (caixa-alta). É preferível não usar abreviaturas. Exemplos:

Ilustríssimo Senhor Diretor do Colégio "José de Anchieta",
EXCELENTÍSSIMO SENHOR GOVERNADOR DO ESTADO DO MARANHÃO,
Senhor Secretário da Fazenda do Município de Joaçabuçu,

2. *Texto*. O conteúdo do requerimento (mensagem) ocupa a parte central da folha. O texto contém:
a) *nome* e *identificação* perfeita do requerente (nome, nacionalidade, estado civil, endereço, número da cédula de identidade, número do CPF e outros dados que a natureza do requerimento exigir);
b) *exposição* do que está sendo requerido com toda clareza necessária;
c) *justificativa* do que requer: citações legais e/ou indicação de documentos comprobatórios.

3. *Fecho*. Por tradição, o fecho do requerimento coloca-se abaixo do texto e ocupa o lado direito da folha[1]. Exemplos:

Termos em que pede deferimento.
Pede e aguarda deferimento.
Nestes termos,
Pede deferimento.

---

1. Se alguém requer algo, é evidente que deseja e aguarda deferimento. Assim, julgamos desnecessário o *fecho*. Entre os exemplos dados na sequência, o leitor encontrará um requerimento sem fecho.

4. *Data*. A cerca de duas linhas abaixo do fecho escrevem-se, à direita da folha, o nome da localidade e a data completa. Exemplo:

Manaus, 18 de outubro de 2009.

5. *Assinatura*. A cerca de duas linhas abaixo da data e à direita da folha, o requerente assina.
Observação: É desnecessário deixar uma linha (traço, fio) para o requerente apor a assinatura, bem como escrever-lhe o nome.

Notas sobre o requerimento:
a) Caso o requerimento esteja acompanhado de algum documento, esse fato deve ser informado na parte inferior da folha. Exemplo:

Anexas: cópias xerográficas: RG, CPF, certidão de casamento.

b) O requerimento deve ser entregue na seção de protocolo do órgão a que se destina. Nessa mesma seção, na época aprazada, o requerente apresenta o protocolo para ser informado do deferimento ou não deferimento.

c) De modo geral, o texto do requerimento se torna um período longo por conter muitas informações apostas. Talvez fosse oportuno adotar uma forma objetiva de redigi-lo e que facilitasse a compreensão do receptor. Aqui está o esboço de nossa sugestão[2]:

```
Invocação

Requerente

O que requer

Justificativa

Amparo legal

Local e data

Assinatura

Anexos
```

---

2. Em página posterior, o leitor encontrará exemplo de requerimento com esta estrutura.

Ilustríssimo Senhor Superintendente do Departamento de Águas e Esgotos,

FLORILÉGIO CAMPOS DE SÁ, brasileiro, casado, residente na Rua Epitácio Pessoa, 618, nesta cidade, portador da cédula de identidade RG 273.718-9 (RO), CPF 003.252.476-33, usuário dos serviços desse Departamento, ligação nº 6 783, vem mui respeitosamente requerer de V. Sa. se digne mandar restabelecer a ligação de água de sua residência, uma vez que já foram pagas as tarifas em atraso, como demonstra o recibo nº 895 (cópia anexa), bem como já foi paga a taxa de religação (recibo anexo).

Nestes termos,
Pede deferimento.

Porto Velho, 20 de outubro de 2009.

FloCampoSsá

Anexas: 2 cópias xerográficas.

Ilustríssimo Senhor Diretor do Colégio Estadual "Ateneu",

Inocêncio José de Siqueira, brasileiro, solteiro, estudante matriculado nesse estabelecimento no primeiro ano do ensino médio, turma NC, filho de Genolino Dantas de Siqueira e Generosa Alves de Siqueira, requer de V. Sa. se digne mandar expedir-lhe certidão de matrícula para o fim específico de pleitear dispensa do Serviço Militar.

                                          P. e A. deferimento.

                                    Bagé, 5 de agosto de 2009.

Inocêncio José de Siqueira

EXCELENTÍSSIMO SENHOR SECRETÁRIO DE ESTADO DOS RECURSOS HUMANOS,

JOSUÉ VILAÇA DOS SANTOS, brasileiro, casado, residente na Rua Orlando Sargentini, 670, Campo Largo, Paraná, funcionário RE-3, lotado no Hospital São João, de Campo Largo, tendo completado cinco anos de serviço público a 5 de março de 2009, requer de Vossa Excelência se digne mandar conceder-lhe, de acordo com a Lei nº 5.874/68, Artigo 74, combinado com o Artigo 84, três meses de licença especial no período de 1º de setembro a 1º de dezembro de 2009.

Campo Largo, 15 de agosto de 2009.

JVdosSantos

EXCELENTÍSSIMO SENHOR SECRETÁRIO DE ESTADO DOS RECURSOS HUMANOS

Requerente: JOSUÉ VILAÇA DOS SANTOS.

Identificação: Brasileiro, casado, residente na Rua Orlando Sargentini, 670, Campo Largo, Paraná, funcionário RE-3, lotado no Hospital São João, de Campo Largo.

O que requer: Licença especial de três meses a partir de 1º de setembro de 2009.

Justificativa: Completou cinco anos de serviço público a 5 de março de 2009.

Amparo Legal: Lei nº 5.874/68, Artigo 74, combinado com o Artigo 84.

Campo Largo, 15 de abril de 2009.

JVdosSantos

30. Resenha

Resenha é a síntese e o comentário de obra artística. Faz parte dos chamados trabalhos acadêmicos e do jornalismo cultural: crítica de livros, filmes, discos, peças teatrais, espetáculos de dança. Por extensão, pode ocupar-se de trabalhos científicos, técnicos, filosóficos. Tem como objetivo divulgar bens de consumo cultural e dar ao leitor uma visão geral do produto, facilitando a escolha de um entre tantos semelhantes. Passando da síntese para a análise e vice-versa, a resenha caracteriza-se pela brevidade, sem ser superficial. Exige estilo elegante, incisivo, sedutor, de modo que o leitor lhe possa atribuir confiabilidade.

O resenhista precisa ter conhecimento da obra: tê-la realmente lido; ter juízo crítico para discernir o que é essencial do supérfluo; fidelidade ao juízo do autor; urbanidade suficiente para respeitar o pensamento do autor mesmo que contrário às suas convicções.

Imprime-se a resenha em papel A4 ou em laudas graduadas para trabalhos jornalísticos.

Compõe-se destas partes, embora nem sempre estejam nessa ordem nem todas presentes, por questões de espaço nos meios de comunicação.

1. *Identificação*. Citar nome completo do resenhista, indicação do curso, data e disciplina (no caso de trabalho acadêmico).

2. *Referência bibliográfica*. Fazer a identificação completa da obra de acordo com a NBR 6023 (ABNT, 2002)[1]: autoria, título, edição, cidade, editora, data, número de páginas, preço.

3. *Apresentação do autor*. Resumir a biografia com ênfase na formação acadêmica, nas influências recebidas.

4. *Perspectiva teórica da obra*. Indicar as tendências antes demonstradas, localizando o autor na escola ou movimento artístico a que pertence ou pertenceu.

5. *Síntese da obra*. Apresentar uma visão panorâmica da obra, de modo que o leitor possa antever os objetivos a serem atingidos com esse trabalho cultural.

---

1. Disponível em: http://www.unb.br/ciord/informacoes/defesa/abnt_nbr6023_2002_referencia. Acesso em: 15 ago. 2008.

6. *Reflexão crítica*. Comentários pessoais sobre o assunto com base nos argumentos apresentados, aplicando os principais temas da obra ao contexto vivencial.

Observação. A resenha-resumo dispensa o item 6, pois não admite impressões pessoais (crítica), que aparecerão na resenha-crítica.

Eis uma resenha de filme[2]:

Macunaíma é um herói preguiçoso, safado e sem nenhum caráter. Ele nasceu na selva e de negro (Grande Otelo) virou branco (Paulo José). Depois de adulto, deixa o sertão em companhia dos irmãos. Macunaíma vive várias aventuras na cidade, conhecendo e amando guerrilheiras e prostitutas, enfrentando vilões milionários, policiais, personagens de todos os tipos. Depois dessa longa e tumultuada aventura urbana, ele volta à selva, onde desaparecerá como viveu – antropofagicamente. Um compêndio de mitos, lendas e da alma do brasileiro, a partir do clássico romance de Mário de Andrade.

Gênero: Comédia   Lançamento: 1969   Distribuição: Embrafilme
Tempo: 108 min   Lançamento DVD: 2006

Estrelando: Grande Otelo, Paulo José, Dina Sfat, Milton Gonçalves,
          Rodolfo Arena, Jardel Filho
Dirigido por: Joaquim Pedro Andrade
Produzido por: Joaquim Pedro Andrade

Aqui, um exemplo de resenha de livro[3]:

Não é aqui

EX-SOLDADO BRASILEIRO RELATA OS HORRORES PELOS QUAIS PASSOU COMO INTEGRANTE DA FORÇA DE PAZ DA ONU NO HAITI

"O país é um necrotério a céu aberto." Frases como essa são frequentes neste livro, obra de um ex-recruta brasileiro que fez parte da Força de Paz da ONU no Haiti. Com narrativa em primeira pessoa, Ruppenthal

---

2. Disponível em: http://br.cinema.yahoo.com/filme/4243/macunaima. Acesso em: 16 ago. 2008.
3. Revista *Galileu*, nº 191, junho 2007, São Paulo, Globo, p. 88.

relembra os seis meses em que lá esteve. Natural de Três Coroas (RS) e de família de classe média, ele encontrou no Haiti uma situação que desconstruiu a imagem edificante da missão brasileira e da vida militar. Contundente, o texto mostra como Ruppenthal não escapou de sequelas psicológicas, consequência das cenas de uma guerra em que é comum atear fogo ao corpo de pessoas vivas.

R$ 29   www.globolivros.com.br

E mais uma de livro[4]:

Peregrinação, de Fernão Mendes Pinto (Nova Fronteira; 432 e 384 páginas; 59 reais cada volume) – O aventureiro Fernão Mendes Pinto foi um Marco Polo português: no auge das grandes navegações do século XVI ele passou mais de vinte anos em viagens pelas terras desconhecidas do Oriente. *Peregrinação*, um relato extenso e rico em detalhes pitorescos de suas aventuras, é um contraponto a *Os Lusíadas*, do contemporâneo Luís de Camões. O livro tem o próprio autor como um herói que exagera seus feitos e expõe o lado patético das descobertas portuguesas. Apesar de sua importância histórica, a obra não contava com uma edição brasileira – lacuna que, felizmente, é preenchida agora.

---

4. Revista *Veja*, nº 42, 19/10/05, São Paulo, Abril, pp. 168-9.

31. Telegrama

Telegrama é meio de comunicação mantido pela Empresa Brasileira de Correios e Telégrafos. Além do atendimento pessoal nos balcões, o usuário pode enviar telegrama por telefone (telegrama fonado) ou pelo computador. Os Correios providenciam o processamento, a transmissão via internet para o local de destino e fazem a entrega física em domicílio (isto é, um carteiro entregará envelope contendo a mensagem). Os documentos enviados por telegrama, mesmo quando em forma de imagem, são meras antecipações dos originais, que devem seguir por outra via.

O custo do telegrama, que antes dependia do número de palavras, agora é calculado por página.

Para enviar telegrama fonado (por telefone), basta ligar para a agência e ditar mensagem e endereços ao atendente. O valor do telegrama pode ser pago com cartão de crédito ou por meio da conta telefônica.

Para enviar telegrama por computador, é preciso entrar no *site*[1] da empresa, que exibe uma tela com claros para preencher, indicando os dados que interessam:

a) mensagem: texto normal com pontuação e acentuação gráfica sem necessidade de abreviaturas;
b) endereço do destinatário (receptor): logradouro, número, complemento, bairro, CEP, cidade e unidade da federação;
c) endereço do remetente (emissor) com todos os dados de endereçamento, inclusive o eletrônico (*e-mail*).

A cobrança neste caso é feita por cartão de crédito.

Observação: O telegrama pode:
a) ser enviado por fax;
b) conter imagens anexas;
c) ter cópia para o remetente;
d) ser pré-datado (isto é, o emissor indica a data em que o telegrama deve seguir);
e) ter confirmação de recebimento.

---

1. Disponível em: https://www.correiosonline.com.br/pt_SGMTelegramaNacional.asp?&dept_id=1&sku=7&indice=3. Acesso em: 15 ago. 2008.

32. Trabalho acadêmico

Trabalho acadêmico é "documento que representa o resultado de estudo, devendo expressar conhecimento do assunto escolhido, que deve ser obrigatoriamente emanado da disciplina, módulo, estudo independente, curso, programa e outros ministrados. Deve ser feito sob a coordenação de um orientador"[1].

Sob a denominação de trabalho acadêmico estão as monografias, as dissertações, as teses.

Monografia (*monos*: um só + *graphein*: escrever) é trabalho dissertativo resultante de pesquisa que se propõe ao estudo exaustivo de um único tema (*mono* por causa disso), feito de forma atual e original, visando a uma contribuição para ampliar o conhecimento do assunto.

TCC (Trabalho de Conclusão de Curso) é monografia que visa a inferir a profundidade do estudo e da investigação do tema. Pode ser trabalho individual ou em grupo, sempre sob a orientação de um professor, pressupondo a necessidade de apresentação ou defesa oral do tema. Nos cursos de graduação, os alunos precisam, para concluí-los, apresentar um TCC e o terem aprovado.

Dissertação é trabalho que apresenta o resultado de um estudo científico sobre determinado tema de forma abrangente e sistemática, não requerendo originalidade, mas revisão bibliográfica cuidadosa, sistematização das ideias e conclusão sobre o tema escolhido, com o objetivo de reunir, analisar e interpretar informações. Tem como orientador um professor-pesquisador com título de doutor e visa à obtenção do título de mestre.

Tese (do grego *thesis*: proposição), orientada por professor-pesquisador com título de doutor, é trabalho de investigação original que apresenta o resultado de um estudo científico aprofundado ou uma pesquisa experimental exaustiva de tema específico e bem delimitado. O resultado deve constituir-se em real contribuição para a especialidade pesquisada. Exigindo do autor maior rigor tanto quanto à teoria quanto à metodologia, visa à obtenção do título de doutor ou de livre-docente.

As Normas da ABNT (Associação Brasileira de Normas Técnicas) estabelecem para todos os trabalhos acadêmicos as mesmas orientações quanto à feitura. Evidentemente, trataremos aqui sucintamente, por exi-

---

1. ABNT (NBR 14724 – 2002).

guidade de espaço, apenas do aspecto estrutural[2]. A estrutura básica de trabalho acadêmico compõe-se de três partes distintas, mas harmônicas entre si:

1. *Elementos pré-textuais*, que compreendem:
   a) capa, que é obrigatória, e deve conter: nome completo do autor; título do trabalho, seguido do subtítulo; localidade da instituição; data;
   b) lombada, elemento opcional que contém nome do autor, título e nº do volume;
   c) folha de rosto: a primeira folha depois da capa, que contém: nome completo do autor; nome do trabalho com o subtítulo; natureza do trabalho (dissertação, tese) com o grau pretendido (mestrado, doutorado); nome da entidade e área; nome do orientador; local; ano;
   d) verso da folha de rosto: ficha catalográfica;
   e) errata (opcional);
   f) folha de aprovação com: nome do autor; título do trabalho; local e data da aprovação; nome, assinatura e instituição a que pertencem os membros da banca;
   g) dedicatória (opcional);
   h) agradecimentos;
   i) epígrafe (opcional) que contém citação relacionada com o tema;
   j) resumo na língua vernácula, de acordo com a NBR 6028;
   k) resumo em língua estrangeira;
   l) listas de ilustrações (figuras, quadros, tabelas, gráficos e outros).

2. *Elementos textuais*, que compreendem:
   a) Introdução: parte inicial do texto em que devem constar a delimitação do assunto tratado, objetivos da pesquisa e outros elementos necessários para situar o tema do trabalho.
   b) Desenvolvimento: parte principal do texto, que contém a exposição ordenada e pormenorizada do assunto, podendo dividir-se em seções e subseções, que variam em função da abordagem do tema e do método.
   c) Conclusão: parte final do texto, na qual se apresentam conclusões correspondentes aos objetivos ou hipóteses.

---

2. Explicações pormenorizadas disponíveis em: http://www.din.uem.br/~teclopes/Trab Cientificos/NBR_14724_2005.pdf. Acesso em: 20 ago. 2008.

3. *Elementos pós-textuais*, que compreendem:
   a) Referências: elemento obrigatório, elaborado de acordo com a ABNT NBR 6023. É a indicação da fonte que serviu de base para o desenvolvimento. Numa segunda acepção, pode ser entendida como bibliografia.
   b) Glossário: elemento opcional que, em ordem alfabética, lista as palavras ou expressões de uso restrito do texto com as definições.
   c) Apêndice: elemento opcional que complementa a argumentação, sem prejuízo da unidade nuclear do trabalho.
   d) Anexos: documentos elaborados por autor alheio ao trabalho que servem de fundamentação, comprovação e ilustração.
   e) Índice: elemento opcional que relaciona os diversos tópicos e indica a página em que se encontra. Sua apresentação deve estar de acordo com a NBR 6034 (2004).

Quanto à impressão do trabalho, a NBR 14724 (2005) preceitua[3]:

1. papel branco, formato A4 (tamanho ofício), digitado no anverso (à exceção da folha de rosto que terá no verso a ficha catalográfica) com fonte de cor preta Arial ou Times New Roman de corpo 12 (no texto);
2. margem superior e esquerda: 3 cm; inferior e direita: 2 cm;
3. parágrafos justificados (com perfeito alinhamento vertical tanto à esquerda quanto à direita) com entradas (texto denteado);
4. espaço interlinear no texto: 1,5;
5. numeração sequencial arábica das páginas a partir da primeira do texto, indicada no canto superior direito sem nenhum outro sinal.

Por causa da extensão desses trabalhos, não indicaremos exemplos, mas eles podem ser vistos em diversos *sites*, procurados com a indicação *modelo de...*

---

[3]. Há, ainda, orientação para indicação de notas de rodapé, de citação bibliográfica, citações, siglas etc.

33. Novo caminho: incentivação

O receptor da mensagem recebe diariamente as mais diversas pressões: desde os pequenos aborrecimentos até as grandes decisões que precisa tomar sem a certeza do resultado final. Assim, embora a mensagem contenha clara *exposição*, *apelo* eficiente e firme *impulso à ação*, depende seu sucesso também do estado de espírito do receptor. Como é impossível prever esse estado de espírito no momento da recepção, pode acontecer que o emissor obtenha com seu trabalho resultados inferiores aos esperados.

Para que se reduza esse risco, parece-nos oportuno sugerir aqui uma técnica didática que, aplicada à mensagem e cuidadosamente empregada, tem dado bons resultados. É a *incentivação* – um estímulo que visa a *captar* e a *manter* a atenção do receptor, tornando-o mais vulnerável, mais dócil.

Preferimos tratar da incentivação em capítulo especial porque:

1. é ainda um novo caminho na correspondência com enormes possibilidades de sucesso, merecendo assim maior atenção;
2. é usual somente em documentos que permitem liberdade na feitura, principalmente os que visam a:
   - influenciar o receptor;
   - alterar-lhe o estado de espírito;
   - modificar-lhe atitudes ou hábitos;
   - obter dele certas posturas que signifiquem benefícios para o emissor;
3. sua aplicação exige do redator:
   - domínio da técnica de redação (já explicada neste livro);
   - algum conhecimento da técnica de publicidade e propaganda;
   - criatividade;
   - senso crítico aguçado para julgar a pertinência do tema escolhido como incentivação;
   - predisposição para refazer o trabalho tantas vezes quantas forem necessárias.

É muito importante que todo emissor procure, pelo treinamento, adquirir destreza no emprego da incentivação. É desaconselhável lançar mão dessa técnica sem possuir habilidade suficiente, pois seu mau emprego pode produzir resultados desastrosos.

A incentivação coloca-se no início da mensagem ao ser feito o registro definitivo. Sua elaboração, entretanto, baseia-se no objetivo, na exposição e no apelo.

Para incorporar a incentivação à mensagem, parece-nos que o melhor caminho seja este:

1. *Determinação da palavra-chave*

Para vencer esta fase, tomemos como ponto de partida os *esboços de mensagens* em que já estão determinados os objetivos, enunciadas as exposições e formulados os apelos. Rápido exame demonstrará que em cada esboço uma palavra mereceu maior ênfase. É a *palavra-chave*. Veja:

Objetivo[1]	Palavra-chave
Lembrar vencimento de título	lembrança
Recuperar cliente	ausência[2]
Obter atenção para representante	atenção
Pedir desculpas por erro	erro
Oferecer mercadoria	oferta
Comunicar condições de pagamento	condição
Obter informações	solicitar
Obter análise de argumento	análise
Obter comparecimento	alegria[3]

2. *Aplicação da palavra-chave*

Determinada a palavra-chave, o emissor pode aplicá-la a outra situação (real ou fictícia) que a ponha em evidência, isto é, *que contenha a mesma palavra-chave*: provérbio, frase famosa, história, curiosidade etc.

3. *Ligação*

A incentivação não pode ficar solta. Deve ligar-se à *exposição*, formando com ela um conjunto harmônico. Essa ligação visa transferir o interesse do receptor da incentivação à exposição, que é a parte mais importante da mensagem.

4. *Esboço de mensagem com incentivação*

Na seção *Esboço da mensagem*, apresentamos oito exemplos. Veja agora três deles com *incentivação*.

---

1. Para facilidade, deixamos de repetir a exposição e o apelo.
2. *Ausência* não apareceu no objetivo, mas recebeu ênfase na exposição.
3. *Alegria* recebeu ênfase no apelo, embora ausente do objetivo.

Emissor: Diretor Financeiro da Indústria Metalforte S.A.
Receptor: Diretor-Presidente das Lojas Pegue-Pague-Leve S/A.
Objetivo: Lembrar o vencimento de título.
Palavra-chave: Prioridade.
Incentivação: O gerente de nossa empresa é homem muito dedicado, mas atarefadíssimo. É comum acontecer que não possa cumprir todos os compromissos da agenda. Incumbiu, então, a secretária de, diariamente, anotar os compromissos não cumpridos para dar-lhes prioridade no dia seguinte. Uma boa medida, mas em pouco tempo as prioridades se acumularam, e vários compromissos ficaram sem atenção.
Ligação: Talvez você também seja tão atarefado que nem sempre pode cumprir todos os compromissos da agenda. Não por falta de lembrança, é claro.
Exposição: O título BD-254/09, de seu aceite, no valor de R$ 13 551,00, venceu a 20 de agosto e não foi quitado até o momento. Pedimos prioridade para esse pagamento.
Apelo: Sabemos de sua solidez nos negócios e de seu desejo de manter o prestígio dessa empresa. Entendemos que o atraso na quitação teve motivo independente de sua vontade.
Impulso: Assim, solicitamos a fineza de quitar o boleto anexo no banco de sua preferência.

Emissor: Gerente da Loja Vestetodos.
Receptor: Prefeito Municipal de Campo Belo.
Objetivo: Ter a presença do prefeito na inauguração de novo prédio.
Palavra-chave: Presença.
Incentivação: Conta-se que um jovem casal pretendia, ao se casar, dar uma grande festa. Muitos convites foram enviados porque muitos eram os parentes e amigos, todos muito queridos do jovem casal. No dia da festa, um dos amigos mais íntimos e queridos não compareceu. Representou-o um belo cartão de parabéns. Essa ausência não impediu o casamento nem a festa, mas diminuiu muito a alegria dos noivos.

Ligação: Às vezes a presença física de um convidado tem mais importância do que ele próprio supõe.
Exposição: Vamos inaugurar o novo prédio da Loja Vestetodos, na Rua Dorival Caymmi, 675, dia 18 de outubro, às 17h.
Apelo: Sua presença na solenidade dará muita alegria a todos nós.
Impulso: Pedimos licença para sugerir a anotação em sua agenda dessa data e horário para não esquecê-los e não nos privar de sua presença.

Emissor: Presidente da Fundação Beneficente Jorge Amado.
Receptor: Curadores da Fundação.
Objetivo: Convencer da necessidade de comparecimento à Reunião Extraordinária.
Palavra-chave: Comparecimento.
Incentivação: Um clube recreativo tinha quase 2 mil sócios, mas poucos iam às assembleias. As decisões eram tomadas pela minoria. Por isso foi fácil para a Diretoria conseguir que uma alta contribuição compulsória de cada sócio fosse aprovada a fim de cobrir os desmandos de administração dessa mesma Diretoria. Houve muitos protestos, mas a decisão foi mantida por ser legal.
Ligação: Não temos a intenção de agir de má-fé. Entretanto, sabemos que as decisões tomadas por poucos podem desagradar a muitos.
Exposição: Será realizada a 30 de julho, às 20 horas, uma Reunião Extraordinária dos Curadores da Fundação Beneficente Jorge Amado (Fubeja). Os assuntos da pauta, como esclarece o Edital já publicado, são muito importantes para todos.
Apelo: Sua opinião, sempre baseada em longos estudos e externada com o bom senso que caracteriza sua personalidade, será valiosa para orientar nossas decisões.
Impulso: Anote em sua agenda a data da Reunião para não esquecê-la e compareça disposto a nos ajudar.

5. *Incentivações impróprias*
Algumas situações usadas em incentivação podem melindrar o receptor. Os exemplos seguintes servem de alerta ao emissor para que evite situações semelhantes:

> Um papagaio, vendo irromper um incêndio na floresta e temendo a sorte de seus amigos, embebeu as penas nas águas de um rio. Voou depois sobre o fogaréu, aspergindo as gotas que permaneciam em suas penas. Vendo o papagaio repetir a operação muitas vezes e notando a inutilidade do trabalho, um homem chamou-o de tolo. O papagaio esclareceu: "Não importam os resultados; estou cumprindo o meu dever."
> Ao contrário do papagaio, importamo-nos com os resultados de nossas ações. Por isso queremos conversar com você para cumprir nosso dever.

A incentivação deixa clara a inutilidade de uma ação. O emissor propõe na ligação uma conversa como cumprimento do dever. Embora diga que se importa com os resultados, ao receptor parecerá que o emissor já crê na inutilidade da conversa.

> Uma senhora morava em uma casa antiga. À noite, ouvia ruídos estranhos, mas não se incomodava. Como os ruídos aumentassem, resolveu tirar a limpo aquela situação. Levantou-se e percorreu vários cômodos da casa. Na cozinha e na despensa, quando acendeu a luz, viu que havia ratos por toda parte. No dia seguinte, tomou uma providência.
> Sua casa pode estar habitada por ratos, e a senhora talvez nem os perceba.

A incentivação mostra que a dona de casa não é exemplar. A ligação compara o receptor a essa dona de casa e insinua a existência de ratos em sua casa sem que sejam percebidos. O receptor certamente ficará exultante...

> Numa repartição pública trabalhava um homem que, morando longe, dependia de ônibus. Os atrasos da condução faziam-no atrasar a entrada em serviço. Em pouco tempo foi admoestado pelo chefe quatro vezes. Os atrasos continuaram por três meses, quando foi exonerado a bem do serviço público.
> Não queremos que você receba uma exoneração. Queremos apenas apresentar-lhe uma forma de evitar atrasos e desconforto.

A incentivação quer atingir os transtornos do transporte coletivo, mas atinge mais o funcionário, vítima de uma exoneração. Na ligação, o receptor é acusado de retardatário e, portanto, sujeito a uma exoneração, se não comprar o produto. Existe algo mais doído que exoneração?

> O proprietário de uma casa evitava gastar seu dinheiro em consertos. Com os anos, os estragos se acumularam de tal forma que não havia como fugir a uma reforma. Feito o orçamento, o proprietário concluiu que a reforma teria custo muito próximo ao de nova construção. Arrependeu-se de evitar os consertos. Mas era tarde.
> O prédio de nossa repartição não precisa ser reconstruído, mas necessita de alguns consertos.

A incentivação serviria para um ofício, solicitando consertos em prédio público. Entretanto, é contundente porque põe em evidência o descaso de autoridade superior quando a compara ao proprietário que tardiamente se arrepende de ter fugido aos consertos. A ligação abranda o golpe, mas não o anula.

6. *Análise da incentivação*

A incentivação visa a captar e a manter a atenção do receptor. É preciso, portanto, verificar, por meio de uma análise, se ela pode conseguir isso. Para essa análise, sugerimos que o emissor submeta a incentivação a este questionário, assinalando as respostas que merecer:

A incentivação, como está:	SIM	NÃO
a) deixa nítida para o receptor a relação com o *objetivo* da mensagem?	(✓)	( )
b) liga-se à *exposição* com clareza?	(✓)	( )
c) tem força para *captar* e *manter* a atenção do receptor?	(✓)	( )
d) pode tornar a mensagem *ridícula, infantil* ou *enfadonha*?	( )	(✓)
e) oferece perigo de *melindrar* o receptor?	( )	(✓)
f) contém palavras ou expressões *inconvenientes*?	( )	(✓)

Se as respostas coincidiram com os parênteses assinalados (✓), a incentivação pode ser incorporada à mensagem. Se qualquer das respostas coincidiu com parênteses não assinalados ( ), o emissor deve abandonar a incentivação ou modificá-la até obter apenas respostas que coincidam com parênteses assinalados.

7. *Exemplos de mensagens com incentivação*

As mensagens seguintes já apareceram neste livro *sem incentivação*. Agora, reaparecem *com incentivação*. O leitor pode avaliar o efeito da técnica comparando as duas formas.

**Fundação
Beneficente
Jorge Amado**

Rua Nicodemo Freixeira de Sá, 879
www.fubejavi.com.br
29100-020 – Vitória – ES

CIRCULAR Nº 23, DE 25 DE JULHO DE 2009

Senhor Curador,

    Um clube recreativo tinha quase dois mil sócios, mas poucos iam às assembleias. As decisões eram tomadas pela minoria. Por isso foi fácil para a Diretoria conseguir que uma alta contribuição compulsória de cada sócio fosse aprovada a fim de cobrir desmandos de administração dessa mesma Diretoria. A decisão, sendo legal, foi mantida apesar dos muitos protestos.
    Não temos a intenção de agir de má-fé. Entretanto, sabemos que as decisões tomadas por poucos podem desagradar a muitos.
    Será realizada a 30 de julho, às 20 horas, Reunião Extraordinária dos Curadores da Fundação Beneficente Jorge Amado (Fubeja). Os assuntos da pauta, como esclarece o Edital já publicado, são muito importantes para todos.
    Sua opinião, sempre baseada em longos estudos e externada com o bom senso que caracteriza sua personalidade, será valiosa para orientar nossas decisões.
    Anote em sua agenda a data da Reunião para não esquecê-la e compareça disposto a nos ajudar.

Atenciosamente,

Protógenes Aniceto Sucupira
Protógenes Aniceto Sucupira
PRESIDENTE

Anexa: Cópia do Edital nº 5/09.

ATW/YSK

Compare com o documento da página 106.

LIS LABORATÓRIO DA IMAGEM E DO SOM

Takashe Nobuaki & Filhos
Inscrição Estadual: 354 162 – CNPJ 12 546 003/0001-22
Rua Pedregoso Malta de Oliveira, 658 – salas 12 e 14
Tele/fax: 0(- -)22-3468-4543
www.imagemdosom.com.br
15100-021 – Araçatuba – SP

Circ. 98/09

Araçatuba, 27 de julho de 2009.

Senhores profissionais de imagem e de som,

O compositor Ataulfo Alves disse numa de suas canções: "Eu era feliz e não sabia." Esse verso exprime o lamento que também pode ser nosso por não termos aproveitado melhor certos momentos de nossa vida. Um dia, rebuscamos na memória esses momentos e descobrimos que só nos restam as recordações. Nada visual ou audível. Seria diferente se, na época, os tivéssemos preservado. Poderíamos ver as imagens e ouvir os sons quando a saudade apertasse mais.

O LABORATÓRIO DA IMAGEM E DO SOM dispõe de equipamentos de última geração e pessoal altamente especializado para processar imagens e sons de qualquer espécie e formato.

O custo desse trabalho é acessível a todos os profissionais de imagem e de som.

Comecem ainda hoje a desfrutar de nossa tecnologia, trazendo para nós o que de melhor já produziram em som e/ou imagem.

Atenciosamente,

Takashe Nobuaki
Takashe Nobuaki
PROPRIETÁRIO

/tn

Compare com o documento da página 107.

VT
VesteTodos
A LOJA QUE VOCÊ QUERIA

CNPJ 53 477 854/0001-20
Rua Zélia Gattai, 852
Fone: 0(- -)56-4321-1234
www.idcavalin.com.br
37270-020 – Campo Belo – MG

Nº 22
Campo Belo, 10 de outubro de 2009.

Ref.: Inauguração.

Senhor Evilásio Galdino Duarte – PREFEITO MUNICIPAL DE CAMPO BELO,

Conta-se que um jovem casal pretendia dar uma grande festa ao se casar. Muitos foram os convites porque muitos eram os parentes e amigos queridos. No dia da festa, um dos amigos mais íntimos e queridos não compareceu. Representou-o um belo cartão de parabéns. Essa ausência não impediu o casamento nem a festa, mas diminuiu a alegria dos noivos. A presença física do convidado era mais importante do que ele supunha.

Inauguraremos o novo prédio da LOJA VESTETODOS, na Rua Dorival Caymmi, 675, dia 18 de outubro, às 17h.

Atingimos agora mais um de nossos inúmeros objetivos e temos imenso prazer em compartilhar esta alegria com nosso Prefeito Municipal.

Pedimos licença para sugerir a anotação dessa data e horário em sua agenda para não esquecê-los.

Respeitosamente,

Alcebíades M. Strini
Alcebíades Mangano Strini
PROPRIETÁRIO

/ams

Compare com o documento da página 74.

PÉ DE OURO CALÇADOS

Calçados para homens, mulheres e crianças
Inscrição Estadual: 497 332-04 – CNPJ 23 465798/0001-66
Rua Carlos Drummond de Andrade, 920
Telefone: 0(- -) 64-3359-4346
www.pedeouro.com.br
38400-100 – Uberlândia – MG

113/09 Uberlândia, 15 de abril de 2009.

Ref.: Ausência de representante.

Prezados Senhores,

Numa pequena cidade, um médico recém-formado instalou seu consultório. Em pouco tempo ganhou prestígio pela atenção que dedicava a todos. Um dia, cansado da falta de conforto, decidiu mudar-se. Seus amigos, que eram todos, tentaram dissuadi-lo da ideia, pedindo-lhe que ficasse. Não ficou.

Os anos passaram e, um dia, saudoso, retornou. As atenções do povo já não se dirigiam a ele, pois outro médico era o dono do prestígio que fora seu. Com muito esforço, conseguiu reaver apenas parte do antigo prestígio. Só então acreditou no dito popular: "Longe dos olhos, longe do coração."

A história do médico pode ter muitas aplicações. Até com respeito a esta empresa, o que seria lamentável.

Somos testemunhas da aceitação dos calçados MORTELLI de sua fabricação, graças não só à qualidade como também ao preço.

Cumpre-nos informar, entretanto, que há três meses não recebemos visita de seu representante. Esse fato, a nosso ver estranho, impele-nos a adquirir produtos de outros fabricantes.

Solicitamos, pois, que nos informem os motivos de tão prolongada ausência.

Atenciosamente,

Odorico Macambira
Odorico Macambira

/OM

Compare com o documento da página 82.

IND. METALFORTE

Inscrição Estadual: 452 652 – CNPJ: 41 648 351/0001-22
Avenida Prefeito José Hosken de Novais, 3 465
Tele/fax: 0(- -)43-3337-4225
www.metalforte.com.br
86700-045 – Londrina – PR

SF-49   Londrina, 20 de agosto de 2009.

    Senhor Divaldo Esdras de Campos,

    O gerente de nossa empresa é muito dedicado, mas atarefadíssimo. Às vezes não consegue cumprir todos os compromissos da agenda. Incumbiu, então, a secretária de lembrá-lo dos compromissos em falta para dar-lhes prioridade no dia seguinte. Uma boa medida, mas logo as prioridades se acumularam. E várias ficaram sem atenção.
    Talvez você já tenha passado por situação semelhante. Não por falta de lembrança, é claro.
    O título BD-254/09, de seu aceite, no valor de R$ 13 551,00 (treze mil, quinhentos e cinquenta e um reais), venceu a 15 de agosto e não foi quitado ainda.
    Conhecemos sua solidez nos negócios e seu desejo de manter o prestígio dessa empresa. Entendemos que o atraso na quitação do débito tem motivo relevante.
    Assim, solicitamos a fineza de quitar o boleto anexo no banco de sua preferência.

    Atenciosamente,

DH Rodrigues
Diógenes Hermógenes Rodrigues
DIRETOR FINANCEIRO

Anexa: 2ª via de boleto para pagamento.

Nota: Caso já tenha efetuado o pagamento, considerar sem efeito esta carta.

DHR/AGW

Compare com a carta da página 93.

IND. METALFORTE

Inscrição Estadual: 452 652 – CNPJ: 41 648 351/0001-22
Avenida Prefeito José Hosken de Novais, 3 465
Tele/fax: 0(- -)43-3337-4225
www.metalforte.com.br
86700-045 – Londrina – PR

SF-187   Londrina, 25 de agosto de 2009.

Senhor Divaldo Esdras de Campos,

De manhã, quando varria a calçada de sua casa, uma senhora viu ao portão uma viúva, oferecendo-se como faxineira. Não precisando de seus serviços, dispensou-a. No dia seguinte, repetiu-se a cena. E continuou a se repetir por outros dias. Uma semana depois, a dona da casa, mal-humorada por alguma razão e cansada daquele ritual diário, não respondeu ao oferecimento. Mesmo assim a viúva reapareceu no outro dia, certa de que o silêncio da véspera não fora desconsideração, mas consequência de algo passageiro.

Assim como a viúva, consideramos que seu silêncio ao nosso apelo de prioridade para a quitação do título BD-254/09, de seu aceite, no valor de R$ 13 551,00 (treze mil, quinhentos e cinquenta e um reais), não foi uma desconsideração. Preferimos crer que tenha sido consequência de um passageiro contratempo. Por isso voltamos a novo contato com a intenção de sermos úteis no que for possível, caso alguma dificuldade esteja impedindo a quitação.

Sua pontualidade em transações anteriores e o prestígio que conquistou pela retidão de caráter estão sendo desafiados agora por um título. Nesse desafio, confiamos na sua vitória e estamos convencidos de que ainda hoje haverá a quitação.

Atenciosamente,

DH Rodrigues
Diógenes Hermógenes Rodrigues
DIRETOR FINANCEIRO

Nota: Caso já tenha efetuado o pagamento, considerar sem efeito esta carta.

DHR/BCN

Compare com o documento da página 94.

MF IND. METALFORTE

Inscrição Estadual: 452 652 – CNPJ: 41 648 351/0001-22
Avenida Prefeito José Hosken de Novais, 3 465
Tele/fax: 0(- -)43-3337-4225
www.metalforte.com.br
86700-045 – Londrina – PR

SF-191　　　　　　　　　　　　　　Londrina, 30 de agosto de 2009.

Senhor Divaldo Esdras de Campos,

Numa época chuvosa, um rio transbordou. Suas águas invadiram um vilarejo. Alguns moradores deixaram seus pertences e foram para lugares elevados. Outros, em situação mais difícil, tiveram de ser salvos. Um homem julgou que logo as águas baixariam e não viu utilidade no auxílio. Quando a situação ficou insustentável, não havia mais ninguém para ajudá-lo. O homem teve de sair a nado, correndo risco de ser levado pela correnteza.

Muitas vezes deixamos de aceitar ajuda por não vermos a utilidade dela ou por confiarmos demais em nossas forças.

Em nossa carta de 25 de agosto, externamos nossa intenção de ser úteis, caso alguma dificuldade o estivesse impedindo de saldar seu débito para conosco. O silêncio continuou, o título em atraso não foi quitado. Concluímos, então, que não poderemos ser úteis.

Não gostaríamos de iniciar uma ação judicial porque seu crédito seria abalado, criando-lhe desnecessariamente uma situação delicada com transtornos para todos nós.

Nosso departamento jurídico, com tristeza para nós, já tomou as providências e ingressará com ação imediatamente.

Atenciosamente,

DH Rodrigues
Diógenes Hermógenes Rodrigues
DIRETOR FINANCEIRO

DHR/KW

> *Divaldo,*
> *pedi ao advogado que segure um pouco o processo. Tenho certeza de que você, em nome de nossas boas relações, fará o pagamento ainda hoje.*
> *Diógenes*

Compare com o documento da página 95.

Bibliografia

ALEXANDER HAMILTON INSTITUTE INCORPORATED. *A redação eficaz*: guia do executivo. Nova York, 1980.

ALMEIDA, Antonio Fernando de; ALMEIDA, Valéria Silva Rosa de. *Português básico*: gramática, redação, textos. 4ª ed. rev. e ampl. São Paulo, Atlas, 1999.

AMENDOLO, João. *Novíssimo manual de correspondência comercial*. 5ª ed. São Paulo, Golfinho, 1977.

ANDRÉ, Hildebrando Afonso de. *Curso de redação*. 2ª ed. São Paulo, Marco Editorial, [s.d.].

ASSOCIAÇÃO BRASILEIRA DE NORMAS TÉCNICAS. *Referências*: elaboração: NBR--6023. São Paulo: 2000.

———. *Sumário*: procedimentos: NBR-6027. São Paulo, 1989.

———. *Numeração progressiva das seções de um documento*: NBR-6024. São Paulo, 1989.

———. *Citação de texto*: NBR-10520. São Paulo, 2001.

———. *Preparação da folha de rosto de livro*: NBR-10524. São Paulo, 1989.

———. *Trabalhos acadêmicos*: NBR-14724. São Paulo, 2001.

BARROS, Albertina Fortuna; JOTA, Zélia dos Santos. *Verbos*. 2ª ed. Rio de Janeiro, Fundo de Cultura, 1961.

BARROS, Enéas Martins de. *Correspondência comercial*. São Paulo, Atlas, 1977.

BELTRÃO, Odacir. *Correspondência, linguagem & comunicação*. 16ª ed. São Paulo, Atlas, 1980.

BERLO, David K. *O processo da comunicação*. 3ª ed. Rio de Janeiro, Fundo de Cultura, 1970.

BUENO, Francisco da Silveira. *A arte de escrever*. 10ª ed. São Paulo, Saraiva, 1961.

CAMARGO, Thaís Nicoleti de. *Redação linha a linha*. São Paulo, Publifolha, 2004.

CARVALHO, Irene Mello. *O processo didático*. 3ª ed. Rio de Janeiro, Fundação Getúlio Vargas, 1979.

CRUZ, A. C.; PEROTA, M. L. L. R.; MENDES, M. T. R. *Elaboração de referências* (NBR-6023): notas explicativas. 2ª ed. Rio de Janeiro, UDUFF, 2002.

FERNANDES, Francisco. *Dicionário de verbos e regimes*. 4ª ed., 18ª impr. Porto Alegre, Globo, 1974.

FERNANDES, Francisco. *Dicionário de regimes de substantivos e adjetivos*. 2ª ed., 8ª impr. Porto Alegre, Globo, 1974.

FERREIRA, Aurélio Buarque de Holanda. *Dicionário Aurélio eletrônico* – século XXI, versão 5.0, Rio de Janeiro, Positivo, 2008.

FORNACIARI, Walter. *Correspondência comercial*. 6ª ed. São Paulo, Estrutura, 1978.

FRAILEY, L. E. *Manual prático de cartas comerciais*. 2ª ed. São Paulo, Borges/William Editores Associados, [s.d.].

FRANÇA, Júnia Lessa et al. *Manual para normalização de publicações técnico-científicas*. 4ª ed. rev. e aum. Belo Horizonte, Editora UFMG, 1998.

GENTILE, Fernando Hernani. *Manual do datilógrafo*. 27ª ed. São Paulo, Discubra, 1977.

INSTITUTO BRASILEIRO DE INFORMAÇÃO EM CIÊNCIA E TECNOLOGIA. *Guia para a redação de artigos científicos destinados à publicação*. Brasília: IBICT, 1987.

KASPARY, Adalberto. *Habeas verba – português para juristas*. Porto Alegre, Liv. do Advogado, 1994.

KUAE, L. K. N.; BONESIO, M. C. M.; VILLELA, M. C. O. *Diretrizes para apresentação de dissertações e teses*. São Paulo, Escola Politécnica da USP – Serviço de Bibliotecas, 1991.

LAKATOS, Eva Maria; MARCONI, Marina de Andrade. *Fundamentos de metodologia científica*. 3ª ed. São Paulo, Atlas, 1994.

LÉLLIS, Raul Moreira. *Português no colégio*. 7ª ed. São Paulo, Nacional, 1967.

LIMA, A. Oliveira. *Manual de redação oficial*. 1ª ed. Rio de Janeiro, Campus, 2005.

LUFT, Celso Pedro. *Novo guia ortográfico*. 1ª ed. Porto Alegre, Globo, 1974.

MACEDO, José Armando. *A redação do vestibular*. 1ª ed. São Paulo, Moderna, 1981.

MACHADO FILHO, Ayres da Mata. *Português fora das gramáticas*. 1ª ed. Belo Horizonte, Siderosiana, 1964.

MAGER, Robert F. *Objetivos para o ensino efetivo*. 3ª ed. Rio de Janeiro, Senai, [s.d.].

MAINARDIS FILHO, Achilles. *Datilografia através de pontos de apoio*. 1ª ed. São Paulo, Ática, 1982.

MATTOS, Geraldo; BACK, Eurico. *Prática de ensino da língua portuguesa*. 1ª ed. São Paulo, FTD, 1974.

MEDEIROS, João Bosco. *Correspondência*: técnicas de comunicação criativa. 13ª ed. São Paulo, Atlas, 1999.

MOISÉS, Massaud. *Guia prático de redação*. 2ª ed. São Paulo, Cultrix, 1967.

Moreno, Cláudio; Guedes, Paulo Coimbra. *Curso básico de redação*. 1ª ed. São Paulo, Ática, 1979.

Ney, João Luiz. *Prontuário de redação oficial*. 10ª ed. Rio de Janeiro, Nova Fronteira, 1980.

Norma Brasileira ABNT NBR 14724, 2ª ed. São Paulo, 2005.

Normas sobre correspondência e atos oficiais. Brasília, Ministério da Educação e do Desporto, 1994.

Oliveira, Edison de. *A redação no curso secundário*. 1ª ed. Porto Alegre, Liv. Sulina Ed., 1969.

Oliveira, Elisabeth Brait R. de; Negrini, José L. C. Aguiar; Lourenço, Nina R. da Penha. *Aulas de redação*. 2ª ed. São Paulo, Atual, 1980.

Pignatari, Décio. *Informação, linguagem, comunicação*. 5ª ed. São Paulo, Perspectiva, 1971.

Preti, Dino. *Sociolinguística: os níveis da fala*. 1ª ed. São Paulo, Nacional, 1974.

Ribeiro, Álvaro Franco. *O correspondente comercial*. 8ª ed. São Paulo, O Livreiro, [s.d.].

Ribeiro, Nilza Reis. *Cartas comerciais*. 2ª ed. Rio de Janeiro, Aurora, [s.d.].

Rocha, Antônio de Abreu. *Redação oficial*. 2ª ed. Belo Horizonte, Vigília, 1973.

Santos, Gildnir Carolino; Passos, Rosemary. *Manual de organização de referências e citações bibliográficas para documentos impressos e eletrônicos*. Campinas, Autores Associados, 2000.

Severino, Antonio Joaquim. *Metodologia do trabalho científico*. 25ª ed., rev. e ampl. São Paulo, Cortez, 2004.

Silva, Felisberto da. *Correspondência*. 2ª ed. São Paulo, L. Oren, [s.d.].

Vanoye, Francis. *Usos da linguagem: problemas e técnicas na produção oral e escrita*. São Paulo, Martins Fontes, 1979.

Índice remissivo

ABNT 1
Abreviaturas (pronomes) 12-7
– pronomes de tratamento 12
Ad judicia 147
Análise da incentivação 176
Anexo (concordância) 104
Apelo 28
Aprimoramento da forma 37
Arroba (@) 122
Artigo 108
Aspectos de digitação 46
Assunto epigrafado 71
Ata (definição) 56
– abertura 57
– aprovação da ata anterior 57
– cabeçalho 57
– desenvolvimento 58
– exemplo 58
– fecho 58
– indicação do presidente 57
– legalidade 57
– notas sobre a 58
– *quorum* 57
– relação nominal 57
– termo de abertura 56
– termo de encerramento 57
Atestado (definição) 60
– exemplos 61
– partes do 60
Audição 7
Aviso (definição) 62
– aviso prévio 62
– de concorrência pública 62
– de licitação 62
– exemplos 63-4
– partes 62
– tomada de preços 62

Bilhete (definição) 65
– estética 65
– exemplos 66-7
– partes 65
Bloco inteiro 51, 71
Bloco simples 52, 71

Cabeçalho 57
Canal 6
Carta comercial (definição) 68
– exemplos 72-90
– formato do papel 69
– importância e funções 68
– objetivo 68
– partes 69-71
– participação do digitador 68
– participação do redator 68
– personalizada 70
Carta de cobrança (definição) 91
– etapas 91
– exemplos 93-5
– funções 91
– notas 92
– partes 91
Carta familiar (definição) 96
– exemplos 97-8
– funções 96
– partes 96
Carta social 97
Carta via internet 97
CEP (Código de Endereçamento Postal) 19
Certidão (definição) 99
– exemplos 101
– notas 100
– partes 99-100

Certidão e atestado (diferenças) 99
Certidão negativa 100
Certificante (emissor) 100
Ciência da comunicação 5
Circular (definição) 102
 – a quem se destina 102
 – exemplos 105-7
 – notas 104
Cláusula 108
Código 6, 122
 – civil 110
 – de Defesa do Consumidor 110
Comunicação (definição) 5
 – acepções 5
 – canal 7, 122
 – código 6
 – elementos 7
 – emissor 5, 7
 – importância 5
 – mensagem 5, 6
 – objetivo 21
 – processo 7
 – receptor 5, 6, 21
 – requisitos para que ocorra 5
Constituinte 140
Contrato (definição) 108
 – cláusulas e artigos 108
 – notas 109
 – papel e fonte 108
Contrato de locação – exemplo 110
Cópia oculta (CCO ou BCC) 122
Correção gramatical 44
Correspondência 10
 – bancária 10
 – familiar 10
 – particular 10
 – social 10
Correspondência comercial 10
Correspondência escrita 10
Correspondência expedida 131

Correspondência jornalística 11
Correspondência oficial 11
Credor 91
Cumprimento final 103
Curriculum vitae (definição) 22, 113
 – exemplo 115
 – notas sobre 114
 – partes 113-4

Destinatário 167
Devedor 91
Digitação 1
 – aspectos 46
Dissertação 168
Dobra do papel de ofício 131

Edital 117
 – de convocação 56
 – exemplos 119-21
Elementos pós-textuais 170
Elementos pré-textuais 169
Elementos textuais 169
Em tempo 58
E-mail 92, 122
Ementa 70, 103, 117, 124, 130, 137
Ementa ou referência 70
Empresa credora 92
Endereçamento 19
Endereço eletrônico 122
Entradas 51, 52
Entrelinha dupla 52
Envelopes 18
 – padronizado 18
 – notas 20
 – tamanho máximo e mínimo 18
Esboço da mensagem 31
Escrita dos numerais 53
Estatuto 22
Estética 45

Expressões gastas 43

Fax (definição) 123
 – partes 123
Firma coletiva 20
Folha de rosto 169
Fontes de impressão 47
Formas de redação 10
 – Gênero dramático 12
  – didático 12
  – épico 12
  – epistolar 12
  – lírico 12
  – narrativo 12
  – oratório 12
Formas de tratamento 12
 – direto e indireto 12
 – no endereço e na invocação 16

Hora (abreviatura) 54
Hosted service 123
Hum (um) 54

Incentivação 171
 – análise 176
 – exemplos 177
Incentivações impróprias 174
Identificação do emissor 1
Impressão digital 151
Impulso 30
Instrução normativa n° 4/92 1, 12, 14, 16
Invocação 16, 70
 – personalizada 70

Jargão 41
Justificado (texto) 47

Lei do Inquilinato 110
Linguagem (jargão) 41
Lista de presença 57

Locador 110
Locatário 110

Mandante, outorgante, constituinte 140
Margens do papel 46
Memorando (definição) 124
 – estrutura 124
 – exemplos 126-8
Memorando-circular 125
Monografia 168

Nome civil 19
Novos caminhos (incentivação) 171
Numerais – escrita 53
 – por extenso 55
 – vírgula e/ou e nos numerais 55

Ofício (definição) 129
 – estrutura 129-30
 – exemplos 133-6
 – formato do papel e fonte 129
 – notas 131
Olfato 6
Ordem de serviço (definição) 137
 – exemplos 138-9
 – formato do papel 137
Órgãos do sentido 6
Outorga uxória 141
Outorgante 140

Paladar 6
Palavra 9
 – escrita 9
 – falada 9
Palavra-chave 172
 – aplicação 172
 – determinação 172
 – ligação 172
Palavras de uso corrente 42

Palavras e situações
  inconvenientes 35
  – e expressões desnecessárias 37
Parágrafos 51
  – com bloco simples 52
  – com entradas 51, 52
  – com semibloco 52, 71
  – em bloco inteiro 51
Períodos com várias orações 38
Portador 65
Post scriptum 91
Pré-requisitos 21
Problemas de comunicação 8
Procuração (definição) 140
  – exemplos 142-8
  – notas 141
  – poderes 140
  – substabelecer 141
  – tipos 140
Pronomes e expressões de tratamento 12
Proposta absurda 35

Quorum 57

Recebedor 151
Receptor 21
Recibo (definição) 149
  – exemplos 151-3
  – notas 151
  – partes 150
Reconto (ou transcrição) 100
Redação – análise do conteúdo 36
  – apelo 28
  – aprimoramento da forma 37
  – correção gramatical 43
  – elementos emotivos 10
  – elementos intelectivos 10
  – esboço da mensagem 31
  – execução 24
  – exposição 24
  – expressões gastas 43
  – formas 10
  – harmonização das partes 36
  – impulso à ação 30
  – jargão 41
  – objetivos 21
  – palavras e expressões desnecessárias 37
  – palavras e situações inconvenientes 35
  – Pré-requisitos 21
  – Preparação 21
  – registro definitivo 45
  – técnica 21
Referência ou Ementa 70
Regimento interno 22
Registro definitivo 1, 45
Relatório (definição) 154
  – exemplo 155
  – formato do papel e fonte 154
  – referências 155
Remetente 20
Requerente 163
Requerimento (definição) 158
  – esboço de sugestão 159
  – exemplos 160-3
  – notas 159
  – partes 158
Resenha (definição) 164
  – exemplos 165-6
  – partes 164
Resenha-resumo 165
Resenhista 164
Rubrica 141

Semibloco 52, 71
Site (ou sítio) 167
Situações inconvenientes 35

Tabulação 51
Tato 6
TCC 168

Técnica de redação 1
Telegrama (definição) 167
  – fonado 167
  – observação 167
  – pré-datado 167
Termo de abertura 56
Tese 168
Testemunha 109, 112, 141, 151
Texto – disposição 47
Timbre 129
Trabalho acadêmico (definição) 168
Traslado 140
Tratamento – determinação da forma 12
  – poder executivo 12
  – poder judiciário 13
  – poder legislativo 13
Tratamento direto 12
  – notas 14
Tratamento indireto 12, 15
  – notas 16
Tutorial 46

Um (hum) 54
Unidades de medida 53

Vírgula e/ou *e* 53, 55
Vírgula e *e* nos numerais 55
Visar e não *vistar* 118